選ばれる 税理士事務所 のつくり方

智創税理士法人 [著]

ぎょうせい

◆ はじめに ◆

　私は今まで生きてきて、多くの出逢いと、たくさんのよいご縁をいただいてきました。

　小さいころの記憶に鮮明に残っているのは、葛巻町という田舎の小さな町のタクシー会社の社長兼運転手兼経理担当者でもあった父が、夜中に帳簿をつけている後ろ姿です。ある日、父から言われたのは「お前の人生だから何になってもいいが、数字にだけは明るくなっておけよ」という言葉でした。私の人生にもいろいろな紆余曲折がありましたが、父の言葉を思い出して、自分の職業として中小企業の経営者のお手伝いをしたいと思い、税理士という職業を選択しました。

　私が税理士として中小企業の成長・発展のお手伝いをしていくことで、父のような中小企業の経営者のお役に立つことが、父に恩返しできる唯一の道だと信じております。

　おかげさまで、今年で創業28年目。職員数20名、お客さま数は約300余件となりました。よいご縁をたくさんむすばせていただきました。父に学んだ「この世に生かされていることに感謝」することと「数字に明るくなれ」という言葉を、これからも心に刻んでまいりたいと思います。

　中小企業の経営者の方たちとお話しをしていると、単に会社を生き残らせるためだけではなく、環境に変化・対応しながら勝ち抜いていく会社にしていくことが大切なのだといつも感じます。

　ここで、ちょっとシビアなお話しをさせていただきますと、人間の命は、いつかは途絶えてしまいます。人生は一度きり、命は有限です。

　しかし、会社や事業も、人間と同じように有限ではいけません。会社は、継続させていくことが大切です。なぜならば、会社経営には、

社員・お客さま・取引先・そして家族の生活がかかっているのです。だからこそ、会社には永続性が求められるのです。会社の究極目的とは、永続性・潰れないこと・継続することにあります。

なお、会社という言葉は、福沢諭吉翁がつくった造語と言われております。明治時代の初め、英語を日本語に訳すとき「カンパニー」を「会所・社中」としたのだとか。

会所…会うところ、集まるところ
社中…同じ目的を持った仲間たち

つまり、会社とは「同じ目的を持った仲間たちが集まっているところ」なのです。

人は、どういうわけか「自分だけは死なない」と思っています。死ぬのは、いつも他人ばかり…。

でも、安心してください。人にはいずれは必ず死が待っているのです。このことを実感できたとき、自分の人生に対する生き方をしっかり確かめられるのです。また、人には、相続というものがあります。相続とは、ご先祖様が生きてきた「相（姿・生き様）」を「続（次の世代に引き継ぐ）」ことです。つまり、人の生き方・考え方・生き様を引き継いでいくことにあります。

会社も、創業時の精神・創業者の思い・経営理念を引き継いでいくことが大切。しかし、多くの経営者や社長さんは、自分の後継者の問題、事業承継のことに関しては、案外、無関心です。いや、触れて欲しくないものなのです。なぜならば、自分の死、自分の死後の話をされることになるからですね。

でも、我々、税理士や職業会計人は、経営者や社長さんに対して、事業承継について、きちんとお話しをしていかなければなりません。

◆はじめに

　最近の経営相談の事例では、やはり事業承継についての相談が増えています。いかにして会社を継続していくのか、どう次の世代につないでいくのか…。

　簡単に言えば、事業承継については、次の3つしかありません。
① 　息子・娘の身内に引き継ぐこと
② 　社員・同族・親族に引き継ぐこと
③ 　第三者に引き継ぐこと（M&A）
どなたかに引き継いでさえもらえれば、何とか継続していくことができて、別の理由で潰れない限りは永続することができますね。

　ところで、お客さま方には、事業承継の大切さをお話ししているのに、我々税理士事務所の事業承継問題はどうなっているのかな？……と、ふと考えてみたとき、私は自分の足元を見ていない、ということに気が付きました。私、楢山直樹は1953年（昭和28年）12月29日生まれです。1988年（昭和63年）に独立開業してから、いつの間にか28年が過ぎ、私も61歳となりました。これまでも、なんとなく自分の死というものを漠然と考えておりましたが、ある日、食道につかえるものがあり、私は人生で初めて「入院」というものを経験しました。
　地元の岩手医科大学附属病院に検査入院をしたとき、今後のこれからの自分の残りの人生をどうしよう…と、見つめ直してみました。
　そして、考え始めてすぐ、私は「個人の税理士事務所では、社員・お客さま・地域に迷惑をかけてしまうことになる。これからは税理士法人化が必要だ！　ということに、今さらながら気付かされたのです（笑・冷や汗）。
　入院3日目の朝、私は「今後の目標」として、自分の個人事務所を

法人化することを決意しました。

　税理士事務所の法人化
　　→100年企業にする！
　①　社員の安心
　②　お客さまの繁栄
　③　事業の継続

　そして、税理士法人の設立を検討したとき、私は、税務に関する勉強会・研修会の仲間であり、今年で23期目を迎える同志の集まりである「智創クラブ」の仲間たちで「税理士法人化」して、全国の皆さまとコラボレーションしながら共存・共栄を図ることで、お互いの事業承継問題を解決することができるのではないか？　という考えに至りました。
　これが、今回の『智創税理士法人』の誕生のきっかけです。
　全国で6事務所の仲間たちが集ったことで、いきなり全国規模の税理士法人の設立となりました。北は北海道から、南は広島まで、6つの支店事務所の社員数は100名！
　仲間たちと、将来・未来・夢・目標を熱く語りあっている中で、全員で本を出そうよ、ということになり、今回は、言いだしっぺの不肖、楢山直樹が、担当ということで書かせていただきました。
　私たち『智創税理法人』の誕生秘話（笑）とこれからの夢、そしてこれまでの税理士人生を振り返りながら、お客さまや仲間たちに伝えたい思いや気持ちを書きました。
　2015年6月吉日

　　　　　　　　　　　　智創税理士法人・盛岡事務所
　　　　　　　　　　　代表社員税理士　**楢山　直樹**

◆発刊によせて

～『智創税理士法人』設立への決意と期待～

日本の小さな税理士事務所を戦える事務所にする

智創税理士法人・札幌事務所
代表社員税理士　光成　勇人

I　はじめに

　創業後まもなく、楢山先生に全国の税理士で構成する勉強会「智創クラブ」にお誘いいただきました。長年にわたり智創クラブの各先生からご教示をいただきましたことが、事務所経営に大きく影響してまいりました。

　このたび智創クラブの会員税理士のうち6名で『智創税理士法人』を設立する運びとなりましたことは、志を同じくする者として大きな喜びです。

　全国でも珍しい形態の税理士法人化です。地域が、札幌・盛岡・群馬・大阪中央・大阪東・広島と6か所にわたります。今後の税理士の法人化への参考となりますよう、我々が成功していくことが重要であると考えております。

II　業界の現状

　「士業事務所　事務所規模RANKING2015」(LIFE & MAGAZINE、「BESTFIRM Magazine」25号)によると、従業員数が50名以上の規模の法律事務所、会計事務所、司法書士事務所、行政書士事務所、社会保険労務士事務所は、全国に約200社あります。トップ3の弁護士西村あさひ法律事務所、社労士SATOグループ、税理士日本経営グルー

プは、従業員数が1,000名を超えている、4桁の争いとなっております。

税理士業界の分析については、大谷展之著『会計事務所 売上1億円突破のロードマップ』(第一法規、2014)が詳しいので、引用させていただきます。

1　会計事務所の規模別分布

人 数	個人事務所	税理士法人	合計	割合
1	4,583	104	4,687	16.1%
2〜4	13,323	361	13,684	47.0%
5〜9	7,521	648	8,169	28.1%
10〜19	1,563	591	2,154	7.4%
20〜29	128	146	274	0.9%
30〜49	20	73	93	0.3%
50〜99	3	23	26	0.1%
100以上	0	3	3	0.1%
合計	27,141	1,949	29,090	100.0%

＊会計事務所業界は極めて偏った構造になっている。
＊職員10人未満の事務所数の割合は、全体の約91％である。
＊業界上位9％に仲間入りするには、売上額7,000万円を超えればよい。

2　業界上位3割程度の事務所しか生き残れない時代に

「これから生き残るには、売上規模で2億円〜20億円未満の企業に、経営支援型の高付加価値サービスを提供する以外に税理士には明るい未来はない。経営支援型の高付加価値サービスといっても、経営支援を必要とする経営者に選んでいただける存在にならないことには、こちらがどんなに経営支援をしたくてもさせてもらえないということになるので、まずは自分の事務所を大きくして業界上位を目指すことが必要である。」と、大谷展之氏は分析されています。

私も、今後の事務所経営については、日本の人口減少による起業数の減少、巨大事務所による寡占化、就労者がこの業界に入ってくるの

かという不安感も相まって、生き残りに危機感を感じております。

III 智創税理士法人の設立

1 メリットとデメリット

メリットは…

① 事業承継をご子息にと考えている先生にとっては、万が一、ご子息が資格取得前に自身が他界したとしても、既に6名の税理士がおりますので、事務所が他人に渡ることはない。

② 6名の税理士がいることから、常時事務所に2名の税理士が居る必要がないので、事務所経営上コストの節約ができる。

③ 採用を全国単位ですることができる（都心で採用活動ができる）。

一方、デメリットは、

① 見かけ上、100名を超える組織にはなるが、地域が6か所と離れていることから、規模のメリットを生かせる業務が限られてくるのではないか。

② 理念・教育システムの統一がないと、バラバラな経営となる恐れがある。

③ 統一後の借金や損害賠償では、無限連帯責任である。

2 偉大なビジネスを創ることができるだろうか

私の夢は、智創税理士法人への加盟1万店を達成することです。

智創税理士法人の各先生の悩みから推察するに、所長税理士先生の最大の悩みは、自身の事業承継、高齢による顧客の喪失、高齢による従業員の離職等と推察されます。

税理士の60代以上は、約4万2,000名おります。

会計事務所の規模別分布から、個人・法人合わせて、職員数19名

以下の事務所数は、2万8,694事務所（全体の98.63％）、9名以下の事務所数でも、2万6,540事務所（全体の91.23％）です。税理士業界は規模を拡大しないと生き残れない時代に既に突入しております。

　小規模な事業数が多いことから、『智創税理士法人』の理念・行動に私心がなく、今後加盟される所長先生、そのお客さま・従業員を守っていくことを担保できれば可能であると思っております。

Ⅳ　おわりに

　私ども6名が理念にもとづいた経営を行い成功していくことが重要であります。まだスタートしたばかりではありますが、一歩一歩実績を重ねてまいります。ご興味ある先生には、ぜひ、お問い合わせください。ともに成長発展し、お客さま・従業員を守り続けてまいりましょう。

◆発刊によせて

「智慧と創意」を結集して

智創税理士法人・群馬事務所
代表社員税理士　小林　一仁

　このたび、全国6税理士事務所が発起人となり『智創税理士法人』を設立いたしました。
　1951年（昭和26年）に税理士法が施行されて以来、税理士は個人事業としてその業務を行ってきましたが、2001年（平成13年）の改正により法人化が認められました。現在税理士法人のほとんどは同一事務所内の複数の税理士によるものであり、智創税理士法人のように全国的に地域を超え、それぞれ独立した事務所により設立された法人はまれに見るケースです。それぞれの事務所の持つ専門知識と、独自の経験やノウハウを共有し、これまでにない税理士事務所の新たなステージにチャレンジしたいと思います。
　智創税理士法人の向かうところには、もう1つ意味があります。それは1人税理士の事務所が抱える大きなリスクを解決することです。
　どんなに歴史ある有力な事務所であっても、ある日突然、1人しかいない税理士が亡くなってしまった場合、翌日から職員による税理士業務は禁止され、事務所は廃業となってしまうのです。
　そのとき、職員はもとより、お客さまの混乱はたいへんなものと予測されます。こんなときのために、転ばぬ先の杖となるべく智創税理士法人の存在があるわけです。
　税理士に事故が起きた場合、智創税理士法人に所属する社員税理士がまず所長になり、事務所を継続し、お客さまと職員の混乱を防ぎます。後継者が税理士を目指している場合は、資格取得までの間、智創税理士法人が事務所を守ります。また、亡くなった税理士の遺族の方に対する金銭的な援助も可能となるでしょう。

志と理念を理解し、共通の価値観を持っていただかないと参加はできませんが、全国の多くの事務所から賛同をいただくことで、巨大な税理士法人が誕生します。結果、日本一の税理士法人にまで成長できると期待しています。

　今後は、智創の語源である「智慧と創意」を結集し、日本一のサービスを提供していきます。同時に、お客さま、社員そして地域社会の発展に貢献するため、100年続く税理士法人を目指します。

　近江商人の心得であるところの「売り手良し」「買い手良し」「世間良し」の「三方良し」の精神を実践し、お客さまの喜びが私たちの喜びであり続けるよう精進していく所存です。

　本書発刊に際してひと言述べさせていただきましたが、これまで育てていただいた多くのお客さま、友人、そして税理士をはじめとする専門士業の諸兄に感謝申し上げたいと思います。

◆発刊によせて

迅速で的確なサービスの提供

　　　　　　　　　　　　智創税理士法人・大阪中央事務所
　　　　　　　　　　　　　代表社員税理士　迫田　清己

　このたびの税理士法人の設立にあたり、職業会計人である税理士として気の引き締まる思いです。
　私たちの使命としては、まず、お客さまとその社員さん、そしてご家族をお守りすることがあります。企業経営は継続して「適正な利益を確保」し、給与や戦略費用や固定費用、さらに税金等に分配・配分してゆくことが必要です。
　また、企業は継続してゆくことが重要な事項ですので、長期的な利益計画を組み、毎年・毎月その達成率を確認し、軌道修正することが大切です。私たち職業会計人はそのフォローに取り組んでゆくことが必要であり、その体制を税理士法人の設立を通じて確立してゆく決意でいます。
　また、私たちには、法人の社員とその家族を守る使命もありますので、税理士法人内での教育体制の整備を確立して、堅実で強い組織を作ることが重要です。税理士法人として幅広い知識と深い専門知識を有した社員を確保し、お客さまのニーズに継続的に対応してゆくことを確立して行くことを目指しています。
　私たちの提供するサービスは、法人向けと個人向けに大きく分けることができます。
　法人のお客さまには、法人設立のときから有利な税制や資金調達についてご案内し、さらに毎月の月次決算書にもとづいて、的確で迅速な経営状態を会議等でお伝えし、経営の適正な方向性の確保に寄与できるようにしてまいります。
　個人のお客さまには、その事業の内容ごとに有利な税制を判断し、

個人経営事業の健全な確立のお手伝いをすることが必要です。法人と個人の両方に係る事項として、不動産、資金、相続、贈与等の資産税の問題も重要な事項ですので、高度な専門知識を共有し、迅速で的確な情報と対策を提供できるようにしてまいる決意です。

　これらの事項は、継続的に発展して行くことも大切ですので、私たちは、常に情報交換を行い、IT等を積極的に活用して行こうと考えます。

　ぜひ、私たちの税理士法人組織に期待していただきたいと思います。

◆発刊によせて

運命共同体として

智創税理士法人・大阪東事務所

代表社員税理士　原田　徹

　このたび全国6税理士事務所が発起人となり『智創税理士法人』を設立いたしました。
　私は税理士として、3つの理念で社会貢献してまいります。
① お客さまの成長と発展のお手伝いをします。
② 博識をもって、お客さまに優れた情報の発信をします。
③ 安心感のあるしっかりした仕事をお客さまに提供します。

　お客さまの成長発展に協力するため、各種経営分析や経営計画書の立案と作成、予実管理のための経営会議への参加によるアドバイスなど、ここは博識をもって、お客さまへの優れた情報発信を含め、お客さまに安心感のあるしっかりした仕事を提供していくことが私の使命だと思っており、今後もこのことを継続しさらに発展させていく所存です。
　そのため100年、200年続く体制づくりに邁進するつもりです。そのことが顧客満足、社員満足、関係者満足になり、社会貢献になるものと信じております。
　個人事務所が後継者問題に悩み、そのことが事業発展の妨げになる例を見るに付け、このままでは事業存続の危機になりかねないこと、そうなれば社会貢献の妨げになります。つまり理念の実現の妨げになりかねない。しかし、法人化により、ここで、1つの憂いがなくなり、事務所の財政的安定を図れます。皆が運命共同体であるからです。
　発起人税理士以外の税理士先生方も、この趣旨に賛同頂けるなら、気楽にお声掛けをいただき、仲間になってください。歓迎いたします。よろしく。

同じ志の仲間でチャレンジ

智創税理士法人・広島事務所
代表社員税理士　**松浦　辰行**

　開業から33年を迎えました。近年は事業承継のことも念頭に入れて経営をしておりましたが、昨年、楢山先生から税理士法人設立のお誘いを受け、同士5人と参加することに決めました。

　思えば同年代の税理士が事業承継で悩んでおられる中、私にとっても事業承継は他人事ではありませんでした。自分が病気をしたらどうなるのだろう。自分が死んだら残された家族、社員、顧問先のお客さまはどうなるのだろう…。

　私はあるとき、お客さまから「先生に万が一のことがあったら、うちの会社は誰がみてくれるんかのぉ」と言われたことがあります。

　私たち税理士は、自分に何かあったときのことを心配しますが、顧問先のお客さまも同じ心配をしておられるのだと、ハッとさせられたひと言でした。

　私が法人設立に参加した理由はそれだけではありません。私は現在62歳ですが、まだ6歳の子がおります。我が子のためにもまだまだ現役で働きたいと思っています。娘が「パパ行ってらっしゃい」と送り出してくれる、家族の笑顔が私の力の源です。

　全国にいる多くの税理士は、多かれ少なかれ、私と似たような思いを持っているのではないでしょうか。『智創税理士法人』は無念のうちに廃業に追い込まれる同志を、1人でも多く助けたと思っています。廃業は社会損失です。自分ひとりではできないことも、同じ志を持った仲間がたくさん集まれば、どんなことでもチャレンジできます。そのまま仕事を継続できるのが智創税理士法人だと、私は確信しています。

◆発刊によせて

　目標は1万人の大きなグループになることです。智創税理士法人の使命は、困っている税理士がいたら、すぐに手を差し伸べられる環境を作ること、社員を守ること、お客さまが安心して事業を続けられること。その志を持って、これから社会貢献に努めてまいりたいと思っています。

◆ 目　次 ◆

はじめに

発刊によせて

発足！　智創税理士法人
～新たな形態による法人化へのチャレンジ

1　税理士事務所の事業承継……2
2　税理士事務所の法人化と課題……8
3　法人化に向けた選択肢の検討……17
4　新しい形の税理士法人……26
5　法人化に向けた取組みⅠ……32
6　法人化に向けた取組みⅡ……40
7　智創税理士法人の理念……49
8　税理士としての原点回帰……54
9　新たな挑戦の舞台へ……60

ベテラン税理士のよもやまコラム①
　　お客さまとともに夢を描く……64

クライアント自身の気付く力を引き出す！
～旧楢山直樹事務所の実践ノウハウ公開

1　お客さま（社長）の心境を理解し信頼関係を築くコツ……68
2　税理士事務所は専門用語をいかに使わないで、分かりやすく説明できるか……71
3　お客さまと税理士事務所のギャップをいかに埋めるか……73

i

4 話題提供の方法……76
  5 月次試算表をお客さま（社長）に説明するコツ……79
  6 月次試算表の具体的説明方法 Ⅰ……94
  7 月次試算表の具体的説明方法 Ⅱ……107
  8 月次試算表の具体的説明方法 Ⅲ……110
ベテラン税理士のよもやまコラム②
   独立したばかりのころは…　失敗談や成功談……118

第3部　事務所メンバーの創造力を発揮させる！

  1 お客さまとの関わり方……122
  2 新規関与先紹介ルート……127
  3 契約を視野に入れた各種コンセンサス……133
  4 月次巡回監査のポイント……149
  5 月次巡回監査の実施……156
  6 一流会計人の条件……164
ベテラン税理士のよもやまコラム③
   まずは自分が先陣を切る！　という心構えで……165

参考文献……168

おわりに

『智創税理士法人』プロフィール

第1部

発足！ 智創税理士法人
～新たな形態による法人化へのチャレンジ

1 税理士事務所の事業承継

1. もしも…は、いつやってくるか分からない

　「ねえ、社長さん。人生って、いつ、どんなことが起きるか分かりませんよ。縁起でもないことを言うみたいだけれど、突然の事故や病気に襲われて、急に会社の代表を降りなくちゃいけないなんてこともあるかもしれない。そうなった時、あなたの会社は大丈夫ですか？　事業承継はできていますか？　相続対策はお済みですか？　まだなら、そろそろお考えになっておいた方がいいですよ…」
　私は、税理士という立場上、仕事を通じて、多くの経営者の方々とお会いしてきました。そして、脅かすつもりでも何でもなく、このようなお話をさせていただいています。
　「もしも突然、あなたが働けなくなったとき、会社は大丈夫ですか？」
と。

2. 自分の弔辞を書いてみる

　また、私はこれまでに本を何冊か出してまいりましたが、その中で、私は幾度か「自分への弔辞を書いてみることをおすすめします」と書いてまいりました。
　「弔辞」というのは、亡くなった方に対し、その方の死を悼み、悲しんで、葬儀や告別式の際に述べられるものですよね。生前の自分との関係において思い出や交流を紹介しながら、亡くなった方の人柄や功績を称え、何よりもご遺族の方々を慰めるもの。
　そんな弔辞を、生きている自分が、生きている自分に対して書いてみましょう、とおすすめしてきました。

どうしてそんなことをすすめるの？　そう思われた方も多いでしょう。

弔辞で語られる事柄は、亡くなった方がどんな人柄だったか、どんな活躍をしてきたか、そして出会いがあったことに対する感謝などです。

つまり、「その人がどんなふうに生きてきたか。どんな人たちと、どんなふうに関わってきたのか」。そんなことが、最後の場面で語られることになるのかな、と思います。

以前、私は大学時代の友人が病気で亡くなったとき、その葬儀に参列しました。そのとき、亡くなった彼が、今、私のすぐそばにいるような不思議な感覚、気持ちが、葬儀の間中、ずっと続いていました。

「彼が、私に何かを語りかけようとしている…？」、そう思えてなりませんでした。

彼だったら、私を含めて参列した人たちに何を伝えたいと思うかな。どんな別れの言葉を告げるのかな。お礼や感謝はどんなことを言うだろう…？

彼の気持ちや思いを考えながら、そして同時に「いつかは自分もこうして見送られるんだな」ということが、妙にリアルに思えてきました。

私だったら、私の葬儀に参列してくれた人に何を伝えるだろう。皆からは何て言って見送られたいと思うだろうか？

そんなことも思っていました。

おそらく多くの人は「皆のおかげでいい人生でした」と伝えたいだろうし、また「いい人生だったよね」と言って欲しいんじゃないかなと思います。

でも、例えば明日、急にこの世を去ることになってしまったとしたら…？　そのとき、果たして私は「もうやりたいことはやった。家族や社員に対して伝えておくべきことも伝えた。思い残すことはない。皆さんありがとう」と言えるだろうか。

…いいえ。私は、やりたいことも、やり残したことも、まだたくさんあります。もしかしたら、それは何歳になっても、思い続ける願望や欲求なのかもしれません。

3．自分へのエールとして

　「我が充足の人生に悔いなし」なんて、きっとなかなか思えることではないのかもしれません。でも、やり残したこと、やっておけばよかったと思う「後悔のタネ」は少ない方がいい。できるならば、なくしておきたい。

　そう考えて、私は、今すべきこと、やらなくちゃいけないこと、改めなければいけないこと、今日まで生きてきた自分、明日からも生きていく自分の姿をもう一度見つめ直すために、「自分への弔辞」を書きました。

　つまり、「私」はどんな人柄だったか、どんな活躍をしてきたか、どんな出会いがあったのか、どんな人たちとどんなふうに関わってきたのか…を、改めて知るために。

　弔辞はだいたい褒めてくれるものです（笑）。私自身が書く「自分への弔辞」も、「いい人だったね」「たくさん働いたね」「多くの人に愛されたね」「社会にも貢献したよね」という「私」への褒め言葉やねぎらいの言葉をふんだんに盛り込んでいます。

　逆に言えば、そんな言葉で皆が私を見送って欲しい。だからもっともっと頑張らなくちゃ、と思うためのものでもあります。自分の過去を振り返り、そしてまだまだ続く明日への指針にするためのもの、という意味が深く込められています。

　新しい自己の発見と再挑戦への決意表明。「自分への弔辞」は「自分へのエール」でもあります。

4. 転　機

　改めまして、私、楢山直樹は昭和28年12月29日生まれ。今年の年末には62歳になります。昭和63年4月1日、34歳で独立開業し、気が付けば事務所も今年で28期目です。

　毎年、誕生日には、新しい「自分への弔辞」を書いています。ちょうど年末でもあり、1年の振り返りにもなります。お正月よりも早く、自分にとっての新しい1年のスタートとしています。

　お会いする経営者の方々にも、「人生の最後の瞬間をどう迎えたいですか？　そのためにしておくこと、やり残していることはないですか？　最後の瞬間が突然やって来たとき、ご家族や事業は大丈夫ですか？　人生を振り返ることの大事さ、ご家族や従業員のことを思いやる大切さ…にもう一度気付いていただけたら……」と、私はあえてこういうお話しをさせていただいています。

　でも、私はある日、「お客さまには事業承継の大切さをお話ししているのに、我々税理士事務所の事業承継はどうなっているのかな？」とふと思い、税理士の友人や知り合いのことを思い出してみました。

　なかには、税理士法人化している人もいます。税理士法人化して、社員税理士さんもいて、自分に万が一のことがあっても事業を引き継いでくれる人がいる、という税理士さんもいらっしゃいます。

　しかし、私と同じような個人事務所の方々は「事業承継ねぇ……。考えてはいるんだけれどねぇ」と、なかなか自分のことは後回しにしているという方が少なくありませんでした。

　私には、現在、税理士を目指して勉強中の長男がいます。なので、「いつかは長男にこの事務所を託そう」という、まあ漠然とした将来像は描いていました。

　自分への弔辞を書いたりしてきたほどですから、自分の死というものについても、もちろん考えてはいました。でも、誰かのお葬式に出

席したりした時にはリアルに感じられても、忙しい日常に戻ってしまえば、そのイメージはやっぱり漠然とした考えに戻ってしまいます。

ところが、昨年のことですが、ある日、私は食道に食べ物がつかえる違和感を覚え、地元の岩手医科大学附属病院に検査のために入院することになりました。私は、61年間生きてきて、入院するという経験自体が初めてでした。

身体測定にはじまり、血圧検査、問診、心電図検査、X線検査、血液検査…。翌日もCT検査、内視鏡検査…などなど。

検査以外のときは病室のベッドの上で、天上のシミを数えるような長い時間（笑）。

「いやいや、何だか大変なことになっていないか？」と思いつつも、ここは病院なんだという安心感と、とうとう入院しちゃったという不安が入り交じっていました。以前、ある方がこんなことを言っていました。

「人間ってさ、病院に入ると病人になっちゃうんだよね」

私も、この初めて入院で「あぁ分かるな、その気持ち」と思いながら、さすがにちょっとヘコんだものでした（笑）。そして、病室の白い壁と消毒液の匂いに包まれながら、死というか、自分の人生のこれから先のこと、人生の残りの地図みたいなものが、急に見えてきた気がしました。

そして、検査入院3日目の朝、いつも早起きをする私は、その日も朝の5時頃にはもう目を覚まし、

「そうだ！　残りの人生、しっかり考えておかなくちゃいけない。このまま病人になってしまっている場合じゃない！」と、これからのことについて大急ぎで考えはじめたのです。

「今の個人の税理士事務所で、事業承継ができていないまま、私が急にいなくなってしまったら、私の事務所のスタッフにも、お客さ

まにも、地域の皆さまにも、こりゃあ大変な心配と面倒をかけてしまうことになる…」
　そう。税理士は病気なっちゃいけません（笑）。私も、そして個人の税理士事務所を開いている私の仲間の税理士たちもそう。ですが、皆、そろそろいいトシです。今は時代の変化も急速です。新しい税法、新しいシステムにも、追いついて行くのはなかなか大変でもあります。
　「税理士事務所は、これからは法人化していくことが大切な時代になっていくぞ。でないと、事業の承継もだけれど、継続していくことからして大変だ！」
　…ということに、ようやく気付かされたのでした。

2 税理士事務所の法人化と課題

　入院3日目の朝、私は、これからの人生の目標を改めて設定することにして、ベッドの上でパソコンを広げました。
　私が検査入院する数か月前のこと。実際、私の事務所のスタッフが、あるお客さまに、こう言われたそうです。
　「楢山先生っておいくつだっけ？　60歳？　後継者いらっしゃるの？」って。
　お客さまとしても、お願いしている税理士さんにこれからもずっとウチも面倒を見ていただけるのかな？　とお考えになります。個人の税理士事務所＝代表者がいなくなれば解散……ということをご存知ですから。
　それを聞かされたときは「うーん、そうだよね。後継者のことってあるよね」とは思ったのですが、そのときは、じゃあ事業承継について具体的に進めよう、とまでは思い至りませんでしたが。

1．税理士としての自負と誇り

　ちなみに税理士は、引退する人が少ない職業です。70歳、80歳になっても税理士を続けている方が多いのです。なぜか？　その理由は2つしかありません。
　1つは「辞めるに辞められない」。つまり後継者がいないということです。
　さらに毎日頑張っているスタッフの生活のことを考えます。退職金のことも考えます。でも、税理士法人（会社）と違って個人事務所だとなかなか大変。後継者がいて法人化されていたら、本人に何かあっ

たとしても雇用は守れますし、お客さまにもご心配やご迷惑を掛けることもない。でも、そうじゃない。
　だから、辞められなくて続けていくしかない。
　そして、もう1つの理由は、税理士には「死ぬなら税理士の肩書きのままで死にたい」と考える人が多いからです。「元・税理士」ではなく「現役の税理士」として。
　世間体というか面子のようなものかもしれません。でも、自ら選んだ職業で、自らが事業主として続けてきた税理士という仕事、立場…。その職業のままで最期を迎えたいと考える人は、実は案外多いのではないでしょうか？
　例えば、元小説家、元音楽家、元画家、元政治家…。ご本人にとって「もとナニナニ」とは呼ばれたくない職業って、あると思います。死ぬまでペンを握っていたい、死ぬまで舞台に立っていたい、というふうに。
　スポーツ選手なら、どんな名選手・大選手でも、ある年齢に達したならば、引退する時期がやって来ます。「マウンドで死にたい」とおっしゃるピッチャーもいるでしょうし、その気持ちはすごく分かります。
　草野球だったら、ひょっとしてあり得るかもしれませんが、プロの世界では、まずあり得ないでしょう。60歳まで現役だった野球選手の『あぶさん』は、マンガの世界です（笑）。
　あの野村克也氏は、色紙に『生涯一捕手』とサインされるそうです。捕手としても、また、監督しても一時代を築いた方です。『生涯一捕手』とは「我が人生は野球とともにあった」という自負と誇りなのだろうと思います。
　税理士もそうです。死ぬときは病室でも畳の上でもなく帳簿の前で死にたい（笑）。それが税理士として過ごしてきた自分の人生に対する敬意でもあり賞賛でもあり、自負と誇りでもあります。
　私の場合は「元税理士」でもまあいいかな、って思っていますが(笑)。

実は「税理士とは違う仕事にもまだまだチャレンジしていきたい」という、そんな夢も持っています。

2．法人化への試行錯誤

まず、パソコンに向かって「事業承継について」と書きました。

「税理士楢山直樹事務所」にはスタッフが20名います。税理士法人（会社）ではなく個人の税理士事務所です。

代表である私にもしものことがあったら、私以外の税理士がいないこの事務所は閉じなければいけなくなってしまいます。そうすると、スタッフの皆さんには大きく迷惑を掛けてしまうことになります。

もちろん、お付き合いいただいている会社や経営者の方々（お客さま）にも、です。

ということは、現在の事務所をこれからも永続させていかなければなりません。仮に、私が現場に復帰できないようなことがあっても、スタッフの安心と、お客さまの繁栄を守っていくためには、まず事業承継、永続させる手だてをすることが大事。

だからこそ、私は「税理士法人化することが大切！」と思い至って、早朝のベッドの上で冷や汗をかいたのです（笑）。

個人事務所を税理士法人化して、永続する会社に作り替えること。これまで「あなたの会社は大丈夫ですか？」って言い続けてきたことが、我が身においてリアルな課題となって立ち上がってきたことを実感したのでした。

「あらぁ　なんダベ、楢山センセ。あんだけ"おタクの会社は大丈夫？"なんて言ってのに、自分のトコ、大丈夫でなかったのスか？」。

これでは、いや、確かにマズイ（笑）。

「法人化しよう。法人化して100年永続する組織にしよう…と、この日の朝、ベッドで広げたパソコンには、

税理士事務所の法人化
　　→100年企業にする！
　　① 社員の安心
　　② お客さまの繁栄
　　③ 事業の継続

というマル囲みのメモが残されています。
　初冬の夜明け前の病棟の、まだ薄暗い7人部屋の病室（入院していたのは5人でした）に、私の独り言が、低く、静かに流れていました。
　税理士事務所には、税理士がいなければおハナシになりません。病院にお医者さんがいないのと同じです。
　我が「税理士楢山直樹事務所」には、私以外に税理士の資格を持つ者がいませんので、"もしものとき"には、もう税理士事務所ではなくなってしまいます。
　また、税理士事務所を法人化するためには、その法人に2名以上の税理士がいなければ認められません。
　わたしは、税理士法人化のための方法を、いくつか考え始めました。
　同時に、法人化のスケジュールも考えました。
　この日は11月12日でしたが、私は2014年12月31日、つまり年内に個人事務所を廃業して、年明けの2015年1月1日から「税理士法人」にしようと考えました。
　残りの期間は1か月半です。
　このスピードで法人化するには、どこか大手の税理士法人に吸収してもらうのが早い。
　1か月半で、個人事務所を廃業として、新年からは、どこか大手の税理士法人傘下の「盛岡支店」になる。
　でも、実際には、事前の準備などもありますので、さすがにこれは急ぎ過ぎでした。

事務所のスタッフにも説明しなければいけませんし、もちろんお客さまにも、そして家族にも、です。もっと細かいことを言うならXマスカードの準備もありました（笑）。
　また、年明け早々、「税理士　楢山直樹事務所」の看板が、いきなり「○○税理士法人盛岡事務所」となっていたら、お客さんも近所の方も驚かれるでしょうね。「あら、楢山先生の事務所、つぶれたの？」「そういえば最近センセの姿をあまり見てなかったナ」なんて、きっと皆さん驚かれたり、あらぬご心配をおかけしたり（笑）。
　ならば「年度末、つまり3月31日廃業の、4月1日の開業がいいかな…。そうすれば、皆さんにも経緯をゆっくり説明できるし、挨拶状も作れる、事務所で使う封筒や名刺など各種の印刷物も準備できる…」。
　私の頭は、猛スピードで回転を始めました。

3．法人化への選択肢

　税理士法人化するには、
　　① 税理士法人楢山直樹事務所として単独で法人化する。
　　② 大手税理士法人の傘下に入る。
　　③ どこかの個人事務所と合併して、税理士法人化する。
　　④ どこかの税理士法人に買い取ってもらう（M&A）。
…などの方法があります。

　まず、「① 税理士法人の単独設立」について考えてみました。
　少し前のところで書いたように、税理士事務所を法人化するためには、2名以上の税理士で設立しなければいけません。つまり、私のほかに、もう1人税理士がいないと、法人化できないのです。
　その前に、ちょっと余談です。
　余談にしては、いささかややこしいお話しかもしれませんが…。

「税理士」は国家資格です。もう1つ「公認会計士」という資格もあり、こちらも国家資格。

「三大国家資格」と言われているものに「医師」「弁護士」「公認会計士」があります。

税理士も国家資格なのですが、その試験は「公認会計士の方が難しい」と言われています。

公認会計士が税理士になる場合、各地方の税理士会に税理士登録をすれば税理士として活動することができますが、税理士が公認会計士になりたい場合は、公認会計士試験に別途合格しなければなれません。この点からも、公認会計士の方が「格上」と見られています。

でも、「実際には、その試験の難易度には差がない」とおっしゃる公認会計士さんも多くいらっしゃるようです。

「税理士さんにはよく会うけれど。公認会計士さんって、そういえば会ったことないなぁ」という方も多いのではないでしょうか？

税理士は、文字どおり税務代理士であり、「税に関する業務」を執り行います。お金を稼いで納税しなければいけないすべての方が（自営業者も、個人商店も、中小企業も、大企業も）税理士にとってはクライアント＝お客さまです。所得税や法人税、消費税、贈与税、相続税といった確定申告に関わる事柄や、税務署に提出する書類の作成、税務調査の立ち会いや、不服審査手続などを行うのが中心的な業務です。

税務署に出す書類をつくったり、何が不足しているとか忘れているとか、あるいは収め過ぎていないかとか、税に関しては専門的な知識がないと「分からない」ものや「難しい」ものも多々あります。

そこで登場するのが税理士さん。納税者に代わってこれらのお仕事を代行できる資格を持っています。あるいは税金について相談を受けたりすることを業務として行えるのも税理士さんだけなのです。

一方、公認会計士というのは、主に何千億円、何兆円という大きなお金を動かしている巨大企業の会計を扱う方です（税理士として開業されている方も多くいらっしゃいますが）。企業会計の監査を行うとか、そういうことができるのは公認会計士さんだけ。

　「監査」という重々しい語感が伝えるように、ある意味では大企業の社長さんよりも怖くてエライみたいな（笑）。

　株式会社は、投資家からお金を求めるわけですが、あの会社に投資しても大丈夫かな？　あの会社の財務情報にはウソや偽りはないよね？　といった正しい判断材料がなければ、投資家は不安です。

　そこで公認会計士は、公正な立場から、企業会計の正しさや適法性などの判断を行い、他企業との比較も正しく行われるように同じ基準で判断材料をつくります。そして株式会社に対する信頼、さらに言うなら証券市場に対する信頼を確保し、守る。それが公認会計士の業務であり、責任なのです。

　ちなみに、何百億円、何千億円、あるいは兆単位のお金を動かしている会社になると、数千万円の誤差は「ワリとどうでもいい」のだそうです。公認会計士さんの世界には「重要性の原則」という言葉があって、つまり「それ重要なの？　そうじゃなければ放っとこう」となるのだとか。違う会計処理の方法を用いたけれど、どちらも大して違ってなければ「だったらいいじゃん」という考え方。

　新人の公認会計士さんが、ある企業の会計監査をしていたら、会計処理の間違いと1,000万円ほどの誤差を見つけたそうです。さっそくお手柄！　と思って上司に報告したら「忙しいんだから1,000万円程度でいちいち騒ぐな」と言われたとか（笑）。

　確かに扱う金額が金額だけに、それぐらいの誤差はスルーしないと「監査なんてやってられない」のかもしれません。

　お買い物のあと、家計簿上で何円ズレたらスルーしますか？

50円だったら「まあいいか」と思えそうでしょうか？　でも500円もズレたら「お肉がもうひとパック買えたのに」と思いますけれども。

「1,000万円で騒ぐな」の世界にいらっしゃる公認会計士さんですから、まあ、確かにあまり会ったことがないでしょう。

普段の暮らしの中で「税理士さんに相談したいこと」はあっても「公認会計士さんに相談したいこと」は、たぶん、あまりないと思います(笑)。

また、税理士を指して「ウチの会計士さん」と呼ぶ方もいらっしゃいます。厳密に言えば、これは間違いかもしれませんが、でも、税理士の方が、一般市民の生活により関わりが深いですし、実際、税理士は、お客さまの会社の財務財政・会計業務をお手伝い（会計帳簿の作成など）したり、アドバイス業務を行うことが多くあります。

会計帳簿の作成もまた、それなりの専門知識がないと大変です。会社経営者の方の中には、生業に関してはプロフェッショナルだけれど、お金のことは「オラ分かんね」といって奥様や税理士事務所に任せっぱなしの方も多くいらっしゃいます。

また、税理士にとっても、これらの会計業務は避けて通れません。税務の申告は基本的に年1回ですが、会計帳簿は日々作成しなければいけない重要な業務。むしろ、税理士事務所によっては、会計8：税務2ぐらいの割合で、会計業務の比重のほうが大きかったりもします。

だから、税理士は「ウチの会計士さん」と呼ばれることも多く、また「会計事務所」を名乗る税理士さんも多くいらっしゃいます。

さて、その「税理士」ですが…。

税理士が税理士としてお仕事をする場合は、税理士法にもとづいて、「開業税理士」「社員税理士」「補助税理士」のいずれかで税理士会に登録しなければなりません。未登録のままでは、単なる「税理士資格者」でしかなく、税理士業務を行うことはできません。つまり、無資格者

と同じ。医者で言うならマンガですが、『ブラック・ジャック』（笑）。いや、彼は医師免許を没収されたのでしたっけ？　まあ、それはともかく…。

「開業税理士」は、個人税理士事務所を営む税理士。私、楢山直樹がそうです。

「社員税理士」は、税理士法人を営むことができる税理士。税理士法人に所属する社員としてその法人を運営する人です。つまり"社員税理士でなければ税理士法人を営むことはできない"のです。

「補助税理士」は、法人の運営にはタッチしませんが、法人に勤務する税理士のこと。「勤務税理士」とも呼ばれます。昔は、社員税理士のことを慣例的に「勤務税理士」と呼んでいましたが、今では社員税理士は社員税理士で、勤務税理士と言う場合は補助税理士のことを指します。

2001年（平成13年）の税理士法改正では、「補助税理士」も「開業税理士」と同等に、誰かに求められたら自己の税理士業務も行うことができることになりました。勤務している税理士事務所の事案以外にも、自分でお客さまを見つけて税理士業務が可能。ただし、所長の承諾を受ける必要があります。2014年（平成26年）の改正法では所属税理士と呼ばれることになりました。

…と、ここまでが余談です。

3 法人化に向けた選択肢の検討

1．単独設立

　さて、「①　税理士法人の単独設立」に戻ります。

　ここまで書いてまいりましたように"社員税理士でなければ税理士法人を営むことはできません"。そして、もう1つ"税理士事務所を法人化するためには、その法人に2名以上の税理士がいなければ認められません"。

　単独設立のための条件として、前者はもちろんクリアしています。そう、私がいます。

　また、後者についても、一緒に税理士事務所を営んでくださるパートナーに「当て」はありました。宮古市で開業されている税理士の鈴木都美子さんという方。私の事務所に週3回ほど通い（バスで2時間かかりますが）、業務を手伝っていただいています。ただし、ウチの事務所の方がアルバイト先となるのですが。

　なお、私と一緒に税理士法人を運営するにあたっては、鈴木先生には居住地を盛岡へ移していただかなければなりません。税理士が税理士として業務を開始するには、法人の所在地にある税理士会に「社員税理士」として登録しなければいけないのです。

　後日、この件を鈴木先生にお話ししたら、ご快諾をいただきました。盛岡市への引っ越しもOKとのこと。

　でも、私には、もう1つ心配がありました。

　税理士法人では、社員税理士が1名となった場合、半年以内に税理士を補充しなければいけないのです。補充できなければ「解散」です。

　私は「最低でも3年は生きる」と決意しましたが、私の体調と病状

はこの時点では大きな不安要素でした。

　ならば、初めから社員税理士3人でのスタートという体制を取っておきたいと考えました。もう1名の採用については、具体的な心あたりはありませんでした。税務署のOBの方に声がけをすれば、ご協力いただけそうだなという方はいらっしゃらないワケでもないのですが、これは未確定の要素として残りました。

　また、私には、長女、長男、次男という3人の子どもがいますが、このうち長男の楢山直孝が、現在、東京の帝京大学大学院経済学研究科の博士前期課程2年に在学中で、将来、税理士になることを目指しています。

　まだ勉強中の身ですので、これも未確定要素ではありますが、将来、盛岡に戻ってくれて、社員税理士になってくれたら、という希望もありました。「法人化」について考える前の、漠然と描いていた未来図というのが、それです。

　税理士になるためには、ステップがいくつか必要です。

　またまたちょっと長くなりますが、こちらも知っておいていただくとよろしいかなと思います。

　税理士は国家資格です。税理士試験に合格しなければなりません。

　また、合格したあとも、租税または会計に関する所定の事務に従事した期間が通算して2年以上あることが必要になります。

　つまり連続じゃなくていいけれど、実務経験（修行）が2年以上必要ですよ、ということ。でも、試験勉強中に実務を経験しておくのもOK。合格後には、それが経験としてカウントされます。

　一方、弁護士や公認会計士は、改めて税理士試験を受けなくても、税理士会に登録すれば税理士として開業することができます。

　また、会計学の修士・博士の学位を受けた人は試験科目の一部が免除されたり、税務署に10年、15年、23年以上勤務した人も、税法か

会計学の科目が免除されます。

　…でも、そもそも税理士試験には「受験資格」というものがあります。年齢制限などはありませんが、学識や資格、職歴といったさまざまな分野の受験資格が定められています。

　学識で言えば、例えば、大学か短大の卒業者で法律学か経済学を1科目以上履修した人、大学3年次以上で法律学か経済学を1科目以上含む62単位以上を取得した人…など。

　また、資格で言えば、日商簿記検定1級に合格した人、全経簿記検定上級に合格した人。

　職歴ならば、法人または事業を行う個人の会計に関する事務に3年以上従事した人や、銀行・信託会社・保険会社などで資金の貸付けや運用に関する事務を3年以上経験した人…。

　これらのうち、どれかをクリアしていなければ、そもそも税理士試験を受ける資格がないのです。

　そして、試験科目は、会計学に属する「簿記論」「財務諸表論」の2科目は必修。さらに税法に属する「所得税法」「法人税法」「相続税法」「消費税法」「酒税法」「国税徴収法」「住民税または事業税」「固定資産税」のうち、3科目（「所得税法」か「法人税法」のどちらかは必ず）を選択します。つまり5科目です（先に触れたような一部免除制度もありますが）。

　…いかがです？　実は結構大変なんですよー。税理士になるって（笑）。

　税理士試験は、科目合格制です。5科目をイッキに受験する必要はなく、1科目ずつ受験してもよいことになっています。

　そして税理士試験に合格したら、2年以上の実務経験を踏み（合格前に経験していた分も認められます）、その後、税理士会に登録申請書を提出し、税理士会における審査、日本税理士会連合会における審

査などを経て（2～3か月かかります）、ようやく税理士として登録され、会員となって、晴れて「税理士です」と名乗ることが許されます。

　そういうわけで、長男は、今、勉強中です。大学院博士前期課程にいますので、修了すれば、試験科目の一部が免除されます。

　昨年（2014年）の時点では、「簿記論」と「財務諸表論」を勉強していました。院生である彼は、その2つのどちらかに合格できればOK。そうなればあとは「税法」だけ。

　これについては、昨年末の12月15日に1つの結果が出ました。これについては後で述べさせていただきます。

2．大手法人の傘下に入る

　さて、本題に戻りましょう。

　次に「②　大手税理士法人の傘下に入る」の場合です。

　日本には、世界4大会計事務所＝BIG4と呼ばれる「KPMG税理士法人」「税理士法人PwC」「EY税理士法人」「税理士法人トーマツ」という世界的会計事務所もあります。

　独立系大手会計事務所としては、「辻・本郷税理士法人」「税理士法人山田＆パートナーズ」など。

　準大手、新興大手として従業員100人前後の「税理士法人レガシィ」「青山綜合会計事務所」「税理士法人みらいコンサルティング／みらいコンサルティンググループ」「朝日税理士法人」といった大きな税理士法人・会計事務所があります。

　税理士法人や会計事務所はテレビCMなどもあまりしませんし、一般の方にはあまりなじみのない業種ですので、なかなかピンと来ないかなとは思います。でも、世界4大会計事務所が全部日本にあるってスゴイでしょう？　いやもう、日本という国は、特に会計業務については、ほんとうにしっかりした国なのです。

で、例えば、これらの大きな法人の傘下となったとします。つまり支店ですね。支店になったら支店長（社員税理士）は、1人いればいい。

大きな税理士法人に、私の事務所のスタッフと業務を、支店として引き継いでもらう。これが現実的かな？　そう考えました。

3. 他の個人事務所の合併

そして「③　どこかの個人事務所と合併して法人化する」。

合併には、いわゆる「対等合併」と「吸収合併」、そして「新設合併」などがあります。

「対等合併」は、1対1の力関係で2つの会社や事業所が一緒になること。結婚に似ているでしょうか？

「吸収合併」は、どちらか1つを存続し、もう一方の業務・権利などを存続させた方に承継させること。

「新設合併」は、A社とB社とで新たにC社という会社を作り、両者の業務・権利などをC社に承継させることです。

でも、「対等合併」とはいえ、実際には吸収合併に近いものがほとんどで、対等というのは、まあ、あくまでも気持ちの上でのこと、という意味。だんだん嫁の意向が強くなってダンナはおとなしくなる、みたいな（笑）。やっぱり結婚に似ているでしょうか。

なので、実質的には、2つの事務所のどちらかにとっては「②　大手税理士法人の傘下に入る」のと、あまり変わらないかもしれません。私の事務所が、のちのち嫁になるのかダンナになるのかは分かりませんが。

4. M&Aによる買い取り

最後は「④　どこかの税理士法人に買い取ってもらう（M&A）」。

これもまあ、「②　大手税理士法人の傘下に入る」のと、あまり変わらないのかなと思います。楢山直樹が引退しないでいる間は、楢山

直樹に支店長を務めさせてくださるでしょうが、買われた身分では、私はもう立場上はペイペイ。まな板の上の鯉です。人事権もなくなるし、健康を理由に解任（クビ）ということもあり得ます。吸収される…。いや、「呑み込まれる」という感覚ですね。

5．楢山事務所としての結論

…と、考えた場合、「①」と「②」が現実的。

仮に「②」を選択しても、「①」でお話しをさせていただいた鈴木先生には、いずれ「盛岡支店」には関わっていただくつもりでした。

結果、私はこの時点で「②」を選び、日頃からお付き合いをさせていただいていた大手税理士法人の1つである「NBC税理士法人」に、税理士法人化を考えている旨をお話しさせていただきました。

「②」であれば、お金で買い取られるようなドライな関係で割り切られてしまうこともないはず。しかも「NBC税理士法人」の代表である野呂敏彦先生とは、研修会や研究会、講演会などを通じ、もう長いお付き合いです。税理士として、経営者として、リーダーとして、私が敬愛する方のおひとりです。

「NBC税理士法人」は札幌が本社で、仙台、東京、名古屋、大阪、福岡に事務所があります。2002年に法人となり、現在、グループ全体で150名の社員がいます。

私は、野呂先生にお電話を差し上げ、私の考えをお話しして、「盛岡の私の事務所をNBCの盛岡支店としていただきたいのですが…」と申し出たところ、

「では、ご都合のよろしいとき、どこかのタイミングでお会いしましょう」ということになりました。

そして、12月12日。私は、大学院と専門学校で税理士資格の取得に向けて勉強中の長男・楢山直孝も連れて、東京で野呂先生とNBC

の取締役の方3名とお会いし、その席で、改めて事務所の法人化(支店化)についてお願いをいたしました。

野呂先生からは「分かりました。お引き受けできます。全面的に面倒を見させていただきますよ」という嬉しいお返事をいただきました。

バックアップします、というお言葉に、私はすごく安心・感動いたしました。

やれやれ、これで私の事務所も「税理士法人」になることができる。私に万が一のことがあっても事業は承継できる。大手という安心感もある。ひとまずほっとして、私は盛岡へ戻りました。

そして12月15日、事務所のスタッフに、ここまでの経緯を伝えました。

「皆さんご承知のように、私は検査入院などをきっかけにして、事業の承継について考えてまいりました。入院中に思ったことは、私に万が一のことがあれば、個人事務所である『税理士楢山直樹事務所』は解散してしまうことになる。だから法人化して、安定した経営を続けたいとの考えにいたりました。

NBCさんの盛岡支店という形で、これからはやっていきたいと考えて、野呂先生にも了解をいただきました」…と。

ところが、スタッフの反応は、少し違うものでした。

一通り、私の説明を聞いてくれたあと、スタッフの1人が言いました。

「ずっと事業は続けられるし、大手の法人だし、野呂先生という安心感もある。それはいいんです。でも…、私たちは、楢山直樹の事務所だからここで働いてきたし、これからも楢山直樹の下で働きたいのです」って。

いや、この一言は、ものすごく嬉しかった。個人事務所の長として、こんなに嬉しい言葉はありません。入院生活でちょっとへこんでいた私の胸の内に、急に温かい風が飛び込んできたような、ほんとうにじー

んとさせられたひとことでした。

　この言葉は「私への弔辞」の中に、すでに太文字で書き加えてあります（笑）。

　NBCの野呂先生は、とてもステキな方です。著書や講演会などの依頼も多いし、全国に7つの支店を置かれるなど、税理士としての業務も理念もものすごくしっかりしている。私とは違って（笑）、皆をグイグイと前へ引っ張ってくださる方です。

　でも、それだけに、本社からの意向や影響も強くなるし、支店と本店の関係、運営の方向性など、今までとはいろいろと変わってしまうことはあり得ます。

　「そこが、楢山チルドレンである私たちにとってはちょっと不安なところなのです」と、いや、チルドレンとは言いませんでしたが（笑）、要するに、「NBCさんは組織がしっかりしている分、楢山カラーが急激に消えていってしまうことが寂しいし、不安」というのでした。

　それを聞かされて、嬉しい反面、なるほど、そうかもしれないね。そう思ってしまいました。

　では、楢山カラーを残しつつ法人化するにはどうすればいいだろう？

　私は、先の「1　税理士法人の単独設立」に戻って考えてみました。

　「1」だったら、私の他に、税理士がもう1人増えるだけで法人化されるので、現在の事務所の雰囲気はほとんど変わらないはずです。それに「もうおひとり」の鈴木先生は、すでにウチのスタッフと顔なじみの方。そして将来的には、長男の楢山直孝が盛岡に戻ってきて「ウチの法人」の社員税理士になればなんとかやっていけそう。そう思いました。

　次に「3　どこかの個人事務所と合併して法人化する」についても、もう一度考えてみました。

個人事務所と合併…いや、待てよ。合併というか、例えば「連合」方式みたいに、大きな屋根の下に個人事務所が集まって法人化するという手もあるんじゃないかな。そういえば、私の仲間で個人事務所を開いている税理士のみんなだったら、法人化について、どう考えるだろうか…。

…とまで考えたところで、私は「あっ！」と思いました。

「そうだ、私には"智創会計人クラブ"という仲間たちがいるじゃないか！」

4 新しい形の税理士法人

1. 智創会計人クラブ

　仲間。そう、私には、志を同じくする税理士の仲間がいます。それが"智創会計人クラブ"（正式名称は「智創クラブ」）です。

　私の事務所を含む全国22の税理士事務所で構成される税理士たちの勉強会と情報交換の場のことで、1992年に設立し、今年で第23期目となります。

　智創とは「智慧創造」という意味。北海道、青森県、岩手県（私）宮城県、茨城県、群馬県、埼玉県、東京都、新潟県、三重県、京都府、大阪府、兵庫県、徳島県、広島県、熊本県の、全国17都道府県にいるこの仲間たちは、共通の目的で集まったいわば"血縁者的集団"。単なる親睦会でもないし、ただの仲良しクラブでもありませんが、でも皆、すごく仲良しです。

　毎年4回の例会・会合を開いています。例えば、税法の改正があれば、どこがどう変わったから税理士としてはこう対応すべきですね、とか、日常のそれぞれの業務でこんな事例があったよ、なんてことを報告し合って分析したり、新しい会計ソフトの長所や短所を研究したり、同じシステムを共有し合ったり、クラブの監修で一緒に本を出したり、いっそソフトも作っちゃおうか…といったことを話し合っています。

　また、テーマを決めて講演会を開催したり、小グループに分かれて研究会を開いたり。そして、会合が終わった夜は「ごチソウクラブ」(笑)。

　クラブに所属している22名の先生のうち、私と同様に法人化していない個人事務所の経営者が14名、すでに法人化された方が8名。

　法人化していない方の中には、実は私と同じように個人事務所であ

るがゆえ、この先、後継者をどうしようか…と考えていた方もいました。「事業承継のことは、まあ考えているんだけれどねぇ…」と、やはり私と同様の「紺屋の白袴」状態。

私は私で、事業承継の法人化をあわただしく画策中。

だったら「智創会計人クラブ」のメンバーのうち、事務所を法人化して事業をずっと承継していきたい税理士同士がコラボして、法人という1つの小宇宙をつくれるんじゃないだろうか――。

2.「共に未来を創りたい」

私は、この"発見"に、小躍りしたくなりました。どうして気付かなかったんだ、足下にダイヤモンドがあったじゃないかって。

今まで培ってきた第23期目の「智創クラブ」で税理士法人化をして、全国の皆さまとコラボレーションし、共存・共栄することで、お互いの事業承継問題も解決することができるんじゃないか？

また、彼らと一緒に法人をつくれたら、対等合併というか、それぞれの個人のカラーを残したまま法人化することができそう。いや、きっとできる。それぞれが独立した立場で（支店の独立採算で）これからも事務所を経営していくことができるはず。

もしもどこかの支店の代表者に万が一のことがあっても、それぞれの支店に、税理士がもう1人いるだけで（2人いなくても）法人として継続できる。何しろ法人という同じ小宇宙の中の1つの星（支店）なのです。どこかの星がピンチになったときには、別の星からウルトラマン（社員税理士）を派遣することも可能です（笑）。

私の星（盛岡支店）の場合で言えば、4月から鈴木都美子税理士が、新しいスタッフとして加わってくださり、そして法人化されたときは「社員税理士」として法人の役員の1人として運営にも参加していただくことになっていました。

「智創」という小宇宙（法人）の中でなら、支店に税理士が1人いればOKです。私、楢山に万が一のことがあっても、盛岡支店には鈴木先生という税理士がいるので、M78星雲からの助っ人（笑）なしで存続できます（支店に税理士がゼロとなっても法人の傘の下ですので何とかなります。…もちろん、ホントはいなくちゃいけませんが）。
　そして、もう23年もの長いお付き合いをさせていただいている同士、というか「同志」です。気心も知れています。お互いのお酒の飲み方やクセまで知っている。
　何よりも、法人化前の昨日と、法人化したあとの今日とで、事務所の雰囲気も大きく変わることはありません。"法人化へのソフトランディング"が可能となって、スタッフさんたちの緊張や不安もなくなるかな…。
　たくさんの事柄が「わっ！」と頭の中に浮かんできました。
　「これならいけるはず！」
　そう考えた私は、すぐパソコンに向かい、智創会計人クラブの皆さんに宛てて、私の思いをしたためました。
　スタッフたちと話し合い、「智創」のことを思い出し、直ちにパソコンに向かったこの日は12月15日。そして同じ日、嬉しいニュースが飛び込んできました。
　　長男・直孝がメールを送ってくれたのですが、そこに
　《財務諸表論に合格！》
とあったのです。またまた踊り出したくなりました（笑）。
　先にも触れましたが、税理士になるためには、いくつかの試験科目に合格しなければいけませんが、長男は大学院博士前期課程にいますので、試験科目は免除されるものもあります。彼の場合は会計学（「簿記論」「財務諸表論」）で1科目、税法（「所得税法」「法人税法」「相続税法」「消費税法」「固定資産税法」など）で1科目に合格すれば他

は免除です。
　そして、会計学の1つをクリア！　残りは税法のどれか1科目です。
　8月に「税法」の試験があります。合格発表は12月。これに合格できて、来春、博士前期課程を修了して盛岡に戻ってくれば、岩手の税理士会に「税理士登録」できます。
　実務経験が2年必要ですが、彼は私の大学時代の友人の東京の会計事務所でずっと働いてきました。アルバイトでしたが、アルバイトでも4年以上の経験は、実務経験として見なされます。まだ少し足りませんが、登録だけは済ませて、私の盛岡の事務所で働きながら経験を積んでいけばいい。
　《残りの1科目に集中。がんばる！》
　《おめでとう！　しっかり勉強するように》
　メールをやりとりする指先はとても軽く（笑）、いや、本当に嬉しかった。
　3年先、5年先の未来へ続く道筋が見えた気がしました。その道筋を、もっと太くしっかりとしたものにしたい。
　「智創」の仲間たちにも「一緒に未来を創ろう！」との思いを込めてメールを送信しました。
　皆に送ったメールの主旨は次のようなものです。
・私、楢山は、今冬、食道に違和感があって検査入院いたしました。
・ちょっとへこんだ気持ちの中で、事業の承継について考えていたところ、智創の皆さんのことに思いが至り、相談を申し上げます。
・仲間の皆さんで「智創税理士法人」をつくって、事業の承継問題、後継者問題を解消しませんか？
・社員のために、お客さまのため、事業の継続のために賛同していただける同志を募ります。
・各自が独立した立場で事務所経営を続けることができます。
・個人事務所から脱却して、100年継続できる税理士法人をつく

ることができます。
・皆さんとコラボすることで各事務所の一層の活力増強と、共存・共栄ができるものと考えます。
・社員に安心を与え、また、お客さまの繁栄をこれからも支えられる事業を続けて行くことができます。
・事務所の社員税理士が1人でも法人を続けることが可能です。
・これまでの信頼関係から、智慧や知識、ノウハウなどを1つの法人として共有することができます。
・お互いに成長し発展することが可能となります。
・日本でも最大規模の税理士法人になることができます。
・どなたか、ぜひ、ご一緒いたしましょう！

3．共　鳴

　「智創」の先生方の中にも、「事業の承継については、いずれ数年内には具体化しなければ…」と、考えておられ方もいらっしゃいました。
　私の場合は、思い立ったら吉日といいますか（笑）、早く具体化して、早く結果を出したい。動き出したら後回しにしないというのは私の性分でもあります。
　しかも、先に「NBC税理士法人」の野呂先生に、支店化をお願いしていた経緯もあります。そのお話しを白紙化させていただくならば、皆さんの回答も早めにいただきたかった。
　さて、仲間の皆さんにメールを送ったその結果ですが──。
　何と！　6人の先生が、私のプランに賛同してくださいました。
　「ぜひ、一緒に法人化しましょう」
　やりました！
　さあ、決まってしまえば、何事も後回しにしたくない性分の私（笑）。まず、何からやっていけばいいのか。またまた頭をフル回転です。

なお、NBC税理士法人の野呂先生には再度ご連絡をして「実は智創会計人クラブのメンバーと相談して、旧知の仲間たちと一緒に法人化を目指すこととなりました」と、経緯をご報告して、こちらから申し入れておきながら撤回させていただくことの失礼をお詫びさせていただきました。

　野呂先生も、智創会計人クラブのことはよく存じてくださっています。もちろん智創のメンバーと野呂先生とのお付き合いもまた、さまざま、たくさん、長く深く続いています。一緒に研修や勉強会を開かせていただいたことも一度や二度ではありません。

　野呂先生も「よかったね」と言ってくださり、そして、これからも変わらぬご交誼を賜ることとなりました。

　法人化した「智創税理士法人」としても、そしてこれからも続いていく「智創会計人クラブ」としても、野呂先生にはずっとお世話になります。NBCが開発した「瞬間くん」や「未来くん」といった会計ソフトや計算ソフトも、ずっと使わせていただいております。

　心苦しくはありましたが、野呂先生のご寛容とご配慮に甘えさせていただいて、支店化のお話しを白紙とさせていただく件は、円満裏に終了いたしました。深謝です。

5 法人化に向けた取組み Ⅰ

1. 設立に必要な重要事項

　智創会計人クラブの仲間6人から「一緒にやろうよ」という快答が得られました。
　法人化に向けた具体的な準備やスケジュールなど、決めて行かなければいけないことはたくさんあります。
　法人をつくるには、まず税理士法人の商号（名前）を決め、設立の目的（業務内容）や法人の本店（住所）など、概要を決めます。商号が決まったら、社判をつくります。
　そして「発起人会議事録」をつくり、設立に関する重要事項を全員の意志で決めたということを書面化し、発起人全員で押捺します。
　次に定款です。法人を運営していくためのルールを決めた、いわば「会社の憲法」のようなもの。法務局へ提出する書類（登記申請書、取締役および監査役選任決定書、就任承諾書、取締役会議事録、調査報告書など）を作成。そして銀行口座を開設し、出資金を振り込み、通帳のコピーと登記申請書類などを法務局へ届け出ます。今回は、税理士法人の本部と同時にいきなり6支店の登記となりますので結構大変ですね。
　届け出る先は本社の所在地の法務局。5月26日に法務局へ届出をすることができました。なお、届け出た日が会社の設立日となります。税理士法人の設立登記完了の日から2週間以内に日本税理士会連合会へ届出をすることになります。
　だいたい2～3日、遅くても2～3週間ぐらいで登記完了。6月10日に登記完了となりました。法務局から「履歴事項全部証明書（登記

簿謄本）」や印鑑証明などを発行してもらい、税務署に「法人設立届出書」や「給与支払い事務所等の解説届出書」、「青色申告の承認申請書」などを提出して会社設立の手続きを行います。

　ざっとした流れはこのような感じ。もちろん我々としてはよく知っている事柄ばかりなので（笑）、手順さえ踏んでいけば、手続きそのものに面倒とか大変なことなどはありません。

　内部的なこととしては、商号（会社名）の決定、本店と各支店の関係、支店同士の関係、提携の条件、本店と支店それぞれの運営方法や経費負担の関係、支店のロイヤリティ、ロゴの作成…などなど、こちらも皆で話し合います。

　先にも触れましたが、「智創会計人クラブ」は、勉強と研究のための集まりだったとはいえ、私たちは"血縁的集団"としてお付き合いしてきました。

　例えば、クラブへの入会の条件は

①　会員の紹介であること

②　自分の会計事務所・会社の決算書３年分を全員に公開すること

③　全員一致で入会が承認されること

と決め交わしています。

　本気で、全力で、ホンネを隠さず、裸の付き合いをしようというのが、会の理念なのです。

　たくさんの情報や事例などを皆で交換・共有し合ってきました。悩ましい事例や困り事などがあったら腹を割って話し合い、智慧を出し合います。

　でも、メンバーは、それぞれ違う事務所です。「どうぞ遠慮なく」とはいえ、いただく情報などは「ご厚意に甘えさせていただく」という感覚はやっぱりあります。親しき仲にも礼儀あり、です。

　でも、法人となれば「一家」です。血縁的集団というか、まさに血

縁関係と同じ。皆が使いたい情報やシステムは、誰もがすぐ手に取れるリビングに置かれることになります。仕事として、遠慮なく情報を入れてもらえる。智慧も知識も分け合え、共有化できる。

　また、全国組織が、しかも本店と支店が6か所に一斉にできてしまう。これは、税理士法人としては、おそらく全国でも初めてのケース。

　後日、法人化に参加される各事務所、つまり支店となる事務所の一覧をつくって人数を数えてみたところ…札幌32名、盛岡20名、高崎13名、大阪中央14名、大阪東13名、広島8名。

　合計で100名です！　ラグビーのチームを作ったら6チームもできて、監督を付けてもなお余裕があります（笑）。スゴイ人数の税理士法人になりますね！

　しかもスペシャリストがいっぱい。できないことなんてない…って気持ちにさせられます。そんなふうに夢や希望があふれてくる、元気にさせられる。それも今回の法人化"効果"です。

2．法人化のメリット

　私たちは、個人で運営していた税理士事務所を法人化して、100年永続する企業とすることで「社員の安心」「お客さまの繁栄」「事業の継続」を目指すために集まりました。

　でも、ホンネのホンネを言えば、皆、個人事務所をこれからもずっと続けていくことには不安だったのです。

　でも、「法人化してしまえば安心！」と言い切れるものでもなく、事業はこれからも変わらず続けていかなければなりません。特に、役員となる社員税理士には、これまでのように自分の事務所のことだけを考えるのではなく、法人の運営者としての手腕と責任、法人に対する忠誠や調和なども求められます。

　法人化することでよくなること、つまりメリットがある一方では、

これまで通りにはいかなくなる事柄、それをデメリットと言ってはなんですが、そういうものもやっぱりあります。

いくつか書いてみましょう。

まず、メリットです。

① 事業の承継と安定化

これはとても大きなものです。何度か書いてまいりましたが、代表者に万が一のことがあっても助けてくれる仲間がいる、事業を受け継いでくれる人がいる、というのは、大きな安心です。

② 総合的法律経済事務所として創造的な事務所化ができる

これも大きい。というか、すごいことです。

税に関するあらゆる疑問や相談に答えられるスペシャリスト集団になります。私たちの法人には、さまざまな分野、いろいろなケースへの対応に長けたメンバーがズラリ（笑）。相続問題ならまかせとけ、不動産関係ならオレの出番、といったふうに。

あらゆる事例に対応してきた経験やデータが、これからは社内で共有され、そしてこれからも蓄積されていく。税に関する法律のことも、お客さまの経理のこともワンストップで対応できます。つまり「ウチにくれば大丈夫！」と、お客さまに対しても胸を張れるのです。

③ 税務調査の対応が組織的・科目別などで専門的な対応ができる

これも豊富な人材と経験が共有されることのメリットです。税理士によって得意な分野や、お付き合いの多い業種などがあるのです。建設関係に強い税理士、販売関係が得意な税理士。ちなみに私は医療関係のお客さまが多い税理士です。業種によって経費の科目もさまざま。組織力を活かして、業種ごとに専門的な対応が可能です。

④ 事業主報酬（事業所得）から役員報酬（給与所得）になる

個人事務所の場合は利益イコール所得となります。そこに所得税が課せられます。でも、法人になると、私の所得は役員報酬という給与

になります。私としてはそれを受け取るだけ。すっきり分かりやすくなるのです（笑）。

⑤　税理士報酬にかかる源泉徴収税額の不適用

これまでの個人事務職種の場合は、所得に対して10％の源泉徴収（税金の先払い。別途、復興特別所得税）が適用され、年度末にそれを精算し、納めすぎていた分を還付金というカタチで受け取っていました。例えば、売上げが1億円あったとすると約1,000万円が源泉徴収分として先払いされていました。そこから諸経費を引いて残った分が還付されます。でも、税理士法人では、このような煩雑なことがなくなります。

⑥　同族会社の判定

株式会社では株式を所有する上位3人の持ち株比率が50％を超える企業を「同族会社」と呼びます。同族会社は、だいたい株主と経営者が同一です。そのため、会社の取引と個人的な取引を混同してしまうこともあり、税務上で問題が発生することもあります。

そういう同族会社に対して法人税法では、法人税などをごまかそうとした取引や計算を適正化するための「行為計算の否認」や、配当を行わずに（配当金を出すか出さないかは会社が自由に決めることができます）会社内部に留保された金額に課税するための「留保金課税」といった特別な規定が設けられています。

でも、税理士法人というのは、会社法で言う「会社」とは違い、税理士法上での特別法人となります。ですので、行為計算の否認や留保金課税などの規定は適用されません。

つまり、クリーンな経営が求められます。もちろんそういう経営を目指します（笑）。

3．法人化のデメリット

じゃあデメリット的なものは…と言いますと、以下のとおりです。

① 税理士法人には合名会社の規定が準用される

最近は合名会社というものもあまり聞かなくなりましたが、合名会社とは「無限連帯責任を負う社員だけでつくられた会社」のこと。税理士法人も、特別法人として合名会社と同じく社員は無限責任を負わなければいけません。

ここで言う社員とは事務所スタッフのことではなく、出資者、つまり楢山をはじめとする6人の税理士のことです。役員となる社員税理士も無限責任者となります。

また、無限責任というのは、例えば会社が債務を負ってしまって、その債務を会社の財産で払いきれなかったら、社員は自分の個人財産の中から弁済をしなければいけません。そして、その責任は、出資の額に限定されていません。要するに、社員は会社の債務を完済するまでの責任を負っていますよ、という意味です。

でも、これは個人事業主の場合も同じです。借金を返せなければ自宅や田畑や山を売ってでも払う、というか何というか。

それゆえ、社員税理士の責任は重くなります。業務に精通し、実務に長け、会社には忠実で、皆との協同の中で調和がはかれる人でなければいけません。

合名会社は、家族や信頼できる仲間同士など、結束が固く、価値観も共有し、意思の疎通も濃密な小人数で経営するのには向いていますが、仮に信頼関係が崩れてしまうようなことがあると、事業経営も業務遂行も大混乱してしまう恐れがあります。

もっとも、信頼関係が壊れて混乱するのは、会社でもラグビーチームでも音楽バンドなどでも同じ。お互いの信頼と笑顔がやっぱり大切なんです（笑）。

② 交際費課税の損金不算入

例えば、法人では交際費は年間800万円までと上限が決められてい

ます。でも「900万円使ってしまいました。その場合、800万円までは経費としますが、オーバーした100万円分は利益として税金を払います」、という意味です。

　これまでの個人事務所の場合だと制限がありませんでした。でも法人としては制限が決められています。だから交際費には気を付けようね、という意味のデメリット（？）です。夜の「ごチソウクラブ」は、これからは一品減らします（笑）。

③　税理士法違反の両罰規定

　もしも、私、楢山が税理士法に違反した場合は、私も処分されますし、私たちの法人全体が処罰の対象となります。例えば半年間とか1年間の業務停止処分などが下されるかも知れません。

　1人で仕事をしている税理士だったら、本人が業務停止となるだけですが（いや、もちろんそれも大変なことですが）、個人事務所の場合ならば雇っているスタッフに給与を支払えなくなります。そしてお客さまにとっても大迷惑…。ましてや法人となればとんでもないことに。

　でも、それだけ慎重な経営が求められますし、逆に言うなら信用度も信頼も増すことに繋がります。

④　社員の競業の禁止

　税理士法人の社員は、税理士として他の業務を行うことは禁止されています。つまり、法人に勤めながら、個人的に税理士業を行ってはいけませんよ、ここだけですよ、という意味です。

　でも、土日に英会話教室の講師をするとか、夜は動画サイトに投稿して副収入を得るとか（笑）、税理士以外のアルバイトはOKです。

⑤　解　散

　もしも個人事務所から単独で税理士法人になろうとしたら、先にも書いたように社員税理士が2名いなければなりません。また、2人のうち1人に欠員ができたら6か月以内に補充する必要があります。そ

れができなければ、法人は解散。

　智創税理士法人には、代表の6人以外も税理士が何人もいますので、この点はとても安心。だからこその法人化だったのですから。

　でも、支店の税理士がゼロになるときが、あるいは"一瞬"あるかもしれません。その場合は他の支店から助っ人をお願いできます。これも単独で法人化した場合とは違う点。

　ですので、これがデメリットとなる、というのは、個人事務所から単独で税理士法人になった場合のことです。「智創」は大丈夫ですよ、という意味で、あえて書かせていただきました。

6 法人化に向けた取組み Ⅱ

1．設立準備会議

　さて、「智創会計人クラブ」の6人の仲間は、2015年1月31日、東京に集まって第1回目の設立準備会議を開きました。
　この日集まったのは、
　札幌市「光成勇人税理士事務所」の光成勇人先生。
　高崎市「小林ビジネスセンター」の小林一仁先生。
　大阪市中央区「迫田清己公認会計士税理士事務所」の迫田清己先生。
　大阪市東成区「原田経営システム」の原田徹先生。
　広島県「松浦マネジメントセンター」の松浦辰行先生。
そして私、盛岡市「税理士楢山直樹事務所」の楢山直樹です。
　札幌の光成先生も、昨年ごろから「そろそろ法人化しよう」とお考えだったそうです。そこに私のメールが届き、「おお。だったら一緒の船に」と考えてくださったそうです。
　「一緒の船」と書きましたが、私たちの法人は、いわば「同じ色の帆を上げた6隻の船」というイメージでしょうか？　さっきは「小宇宙」と書きましたが、こちらのほうが分かりやすいかもしれません。
　それぞれの船は、各海域（地元）で仕事をし、そして、年度末に水揚げ高（という例えもなんですが…笑）を合算して申告します。独立採算で、それぞれが個性を発揮してがんばります。でも、いずれかの船（支店）が、例えば違法操業をしてしまったとしたら、それは連帯責任。今まで以上にしっかりとした運航と操業が求められます。
　まず、税理士法人の基本的な考え方について話し合いました。
　なぜ、今、私たちは税理士法人を立ち上げるのか？

第1部　発足！　智創税理士法人〜新たな形態による法人化へのチャレンジ

　キッカケは…と言えば、繰り返しですが、私が検査入院して、これからのことを考えたとき、それまでもずっと考え続けていた事業承継というテーマを実現に移そうと思ったことでした。
　いつかはやらなくちゃいけなかったことです。他の先生方も考えていらっしゃいました。ですので、実は誰かが手を挙げさえしていれば、案外もっと早く実現していたことかもしれません。
　もちろん事業承継の問題ばかりではありませんでした。「時代はどんどん変化している」ということについても、1人の力より、皆の力を合わせて行くことで、時代とともに複雑になり多様になった制度やシステム、そして納税者のニーズにも、しっかりと応えていくことができる——。
　それが、これからの時代には大きなことなのです。
　2001年（平成13年）、税理士法が大きく改正されました。20世紀から21世紀へ。経済取引の国際化も急速に進み、中小企業でも海外とのやりとりが増えるなど「国際化」という言葉が、ほんとうに身近なものになってきました。
　また、IT技術の急速な進展と普及は、税理士業務においても電子化や情報化といった新しい技術や知識の習得が求められていました。
　これは、お客さまにとっても同じです。税務の全般において、また、お客さまの日頃のやりとりにおいても、お互いに求め合うものが複雑化、多様化、先端化していきます。
　これらに対応するため、また当時の小泉内閣が提唱した「規制緩和」の要請も踏まえて、納税者の利便性の向上と、信頼される税理士制度の確立を目指すため、税理士法も改正されたのでした。
　その改正税理士法の第48条の2には、税理士は税理士法第5章の2の定めるところにより、税理士業務、すなわち税務代理、税務書類作成および税務相談（同法2条）を組織的に行うことを目的として、税

理士が共同して法人を設立できる、とあります。
　時代のニーズに応えるために、税理士さん同士で一緒に会社を作っていいよ、ということです。
　でも、税理士法人は、会社法上のいわゆる「会社」とは違い、税理士法によって特別に設立が認められた「特別法人」になります。そして業務は「税理士業務」に限られます。
　「会社にしたんだから、じゃあインターネット販売の部署もつくろう」ということはできません（笑）。
　つまり、皆がそれぞれ漠然と考えていた個人の事業承継問題もここで解決し、そして税理士業務の国際化、電子化、情報化という複雑で多様な時代の変化や、そしてお客さまのニーズにも、力を合わせて応えて行くことができる。
　「仲間がいる、スペシャリストがいる」。
　これが法人化することの最大のメリットであり、目的なのです。
　この日の会合では、法人の名前（商号）を決めました。
　「智創税理士法人」という名前を皆で確認。即決でした。
　「智創」の名を冠した法人となりますが、研究会としての「智創会計人クラブ」もまた、これからも変わらず活動を続けてまいります。今回の法人化に参加されなかった他のメンバーの皆さんにも「智創の名前を使わせていただきます」ということ、了解をいただきました。
　本社は札幌の光成先生の事務所に置かせていただきます。そして、他の５つの事務所は「智創税理士法人　〇〇事務所（〇〇の中に各事務所の所在地）」となります。私の「税理士　楢山直樹事務所」は「智創税理士法人　盛岡事務所」ですね。
　そのあと、法人化するための諸手続きや各種書類、法人化のスケジュールなどを確認。この時点では、４月１日の設立を目指しました。
　１週間後の２月７日には、早くも第２回目の準備会議を開き、法人

の憲法となる定款の内容の検討、提携の条件の検討、本支店間の関係や運営の方法、経費負担の関係なども話し合い、分担できる役割は分担しました。

そして法人化のスケジュールは、設立の目標日4月1日から少し延びて、6月1日と決定。それぞれの事務所もその日の法人化に向けて、準備にかかりました。

2．各種の設立に係る諸務

ところが、その準備、実はけっこう大変でした（笑）。

先にも書いたように、各種書類の提出などは、我々にとっては日頃の業務のうちというか馴れている、いわば得意分野です。ラクラクとは申しませんが、法人化を目指しての書類づくりは、手順さえ踏んでいけば、ずんずん前へ進んでいきます。

本店と支店の登記は、本店がある札幌で一括して行いました。盛岡事務所も、各地の事務所の登記も、札幌本店が全部やってくれたので一気に終わりました。

一方、大変だったのは、商業変更に伴う各種印刷物の変更と発注でした。

春は「3月決算／5月申告」という、税理士が1年の中で最も忙しい時期だったということもあります。そんな中、通常の業務と法人化の準備、どちらも片手間でできることじゃないことを6つの事務所それぞれに、あるいは一緒に進めてきましたが、これがまあ、大から小まで結構ありました（笑）

それぞれの事務所で使っていた封筒や決算書ファイル、レターヘッド、名刺、看板…などは、新たに「智創税理士法人　〇〇事務所」と入れたものに変えなければなりません。何が必要か。それを洗い出すのも大変でしたね。

印刷物を発注するためには、まず、やっぱり商号（法人名）を真っ先に決めて、法人の新しいロゴもつくらないといけません。でも、ロゴについては1月に話が出て、決まったのは4月。できあがったのはギリギリの5月20日でした。
　ようやく決定した新しい法人名とロゴを入れて、業務上必要なオフィス用品や帳票など印刷物や備品などをつくります。印刷会社さんに連絡して、見積りお願いし、サンプルを確認して…。新しい用品などは数社から相見積をとって検討したりもしました。
　在庫がたくさんあったものや、できあがるまでに時間がかかってしまいそうなものに関しては、法人名とロゴ名を入れたシールをつくり、貼っていきました。もちろん手作業。ナナメに貼ってしまったりすると、ものすごく悔しかったり（笑）
　印刷会社さんにもだいぶご迷惑をおかけしてしまいました。また、そういう時に限って誤字があったり、間違いがあったりということも。
　名刺も、一度できあがってきましたが「智創って読めないんじゃない？」という意見も出て、「TISO TAX & CONSULTANT」と読みを加えました。CHISOが正しいのかも知れませんが、私はあえて「TISO」にしました。
　また、お客さまへのお知らせは、3月、4月、5月、6月と各月に1回ずつ「事務所が法人になって名前が変わりますよ」「変わりましたよ」ということを毎月発行している事務所だよりでお伝えしました。
　細かいことでは、電話への出方にも注意です。これまでは「はい、楢山直樹事務所です」でしたが、これからは「智創税理士法人盛岡事務所です」と言わなければなりません。でも、お客さまには周知徹底してきたつもりでも、中には「あれ？」って思われる方もいらっしゃるので、しばらくは「智創税理士法人・楢山事務所です」と言うことにしました。
　実際、6月からこの言い方にして電話に出ています。お客さまも「あ

あ、そうか、そうでしたよね」と言ってください。中には「ちょっと言いにくそうだね（笑）」なんておっしゃる方も。

3か月はこの言い方にしておいて、秋からは「智創税理士法人盛岡事務所です」で統一します。言い間違えたら罰金です（笑）。

他には、通帳の名義変更や口座の新規開設などもありました。

個人事務所として、これまで4つの銀行とお付き合いしていました。これまでの個人事務所名義の口座を廃して、新しい口座に移す。そのためには社判や印鑑も必要でしたが、これも一度できあがって来たら間違っていたりして、ギリギリでした。

各銀行の担当者さんに説明を申し上げ、手続きを進めてもらいました。

また、個人事務所として銀行などから借りていた借入金も、すべて精算し、「智創税理士法人」としては、借入金ゼロからのスタートとなりました。これからは「法人」として借入することになります。

3. "グループ法人化"の3つのメリット

借入金は、札幌本店しか借りられないという"問題"があります。

札幌本店の下に盛岡、群馬、大阪東、大阪中央、広島という各支店があるという形になるのですが、申告書は「智創税理士法人」というひとつの集合体でしか出ません。各支店の分を合算した本店分として、です。つまり、札幌でしか申告書は出ません。

すると、例えば盛岡の銀行は、支店である盛岡事務所に貸し付けができない、ということになります。

「どうしましょうか？」と、それを皆で話し合ったとき、「いやいや、ピンチはチャンス。デメリットはメリットになる」と誰かが言いました。

「都市銀行とはつきあえる。全国展開できる。つまりランクアップしたと考えればいい」

都市銀行とは、全国さらには世界にも展開している大手銀行です。

銀行も再編、再編が続いたので、今、どんな名前の銀行がいくつあるんだか、ちょっとすんなり思い出せませんが（笑）、要するに、支店がそれぞれ各地の地方銀行や信用金庫などからバラバラに借りれば、おそらく20幾つかの地銀・信金の通帳ができてしまうところですが、都市銀行ならば、法人として、1つか2つの銀行の通帳ですみます。
　流れとしては、札幌本店が、盛岡支店のために、例えば1,000万円を都銀から借りたとします。6人が連帯保証人となります。盛岡支店は、札幌本店から又借りして札幌本店へ返済していくことになります。
　極端なことを言えば、もしも盛岡支店からの返済が滞っても、連帯保証人が6人もいますので…いや、これ以上は書けませんが（笑）。
　でも、個人事務所として返済できなくなったら、ヘタをすればその時点でアウトです。法人ならば、そんなリスクも軽減される。これはメリットです。
　もう1つのメリットは、個人事務所とはいえ6つ集まれば資産合計も大きくなりますので、借りられる金額も大きくなります。
　各事務所が借りているお金——仮に1,000万円ずつで6,000万円とします——は、借入先に全額返済し、本店がいったん全額を預かる形として都銀から改めて1億円借りてしまい、そして、6,000万円は各事務所に戻し、残った4,000万円は本部でプールしておく。そういうことも可能になります。
　そうすることで、例えばボーナス資金とか、一時的に短期で借りるお金は、そのプールの中から出せます。これも法人化したことによるスケールメリット。
　スケールメリットで言えばもう1つ。
　税理士は「税理士職業賠償責任保険」、通称「税賠償」という保険に入るのですが、今後は、この保険に本店が入るだけでOKとなります。「税賠償」は、例えば申告書類を間違えてしまい、そのことでお

客さまに訴えられたとしたら、その損害賠償のための保険です。自動車保険でいうなら「任意保険」ですが、やっぱり自動車保険と同じく、入らない方はいません。

ちなみに弁護士さんにも「弁護士賠償責任保険」というものがあります。「弁賠償」という言い方でよかったどうか、忘れましたが（笑）。

保障金額は、個人事務所の場合は1億円。この掛け金は年間30万円ぐらいです。これまでは6人がバラバラで入っていました。つまり180万円です。

でも、法人として、本店が1本で「税賠償」に入ればいい。180万円だった掛け金が6分の1になるのです。法人として入るなら、保障金額を、例えば5億円とか、もっと高くしてもいい。もちろん掛け金も上がりますが5倍にはならないはず。180万円もしません。1本の保険で、本店が支店の分までカバーできる。これもスケールメリット。

さらに、今後は全国から優秀な税理士を募集することが可能になります。例えば、「税理士楢山直樹事務所」として採用した税理士は、ウチにしか来ることができません。でも、全国組織になったのだから、社員は、全国のどの支店で働くこともできるのです。つまり転勤や異動ができるのです。

税理士が個人事務所を立ち上げる場合は、地元の税理士会に税理士として登録します。盛岡で税理士事務所を開いている先生方は、もちろん盛岡の税理士会に登録しています。市外や県外のお客さまの依頼を引き受けることはもちろん可能ですが、例えば、青森にももう1つ事務所をつくる、ということはできません。1人の税理士が持てる事務所は1つだけ。そして、1つの税理士事務所には必ず1人以上の税理士がいなければなりません。

でも、個人事務所を廃して、全国組織の法人に税理士として入社すれば、社内での異動は可能です。盛岡支店で採用した税理士が札幌へ

転勤することもOK。また、例えば事業承継をお考えだった税理士先生が個人事務所をたたんで、「智創税理士法人」に加わっていただいたなら、全国6つの支店で働くことが可能になります。

転勤先の税理士会に登録する必要は出てきます。でも「自分は6つの事務所で働ける税理士だ」って思えるのは、いや、楽しいと思いますよ（もちろん…ご希望に添えない場合もございますが）。

また、個人事務所を開いていた女性税理士さんが結婚して、ダンナ様の転勤にどうしてもついて行かなければならなくなった、といった場合でも「智創税理士法人」に入社していただけたなら、ご主人の転勤先が札幌と盛岡と群馬と大阪と広島だったら対応できます（笑）。

社員税理士だけでなく、社員やスタッフも、全国から募集できます。

もちろん、既存の社員の異動も可能。うちの事務所のスタッフがやはり家庭の都合で広島へ引っ越すことになったら、磨き上げてきたスキルを、これからも広島事務所で活かすことだってできる。

そして、この先、「智創税理士法人」の支店が、もしも増えていったなら…。

北海道から沖縄まで、全国どこへでも行けるかもしれない。そう思えるのも、また楽しいですね。「北海道に憧れています！」「沖縄に行きたい！」なんていう人も出てくるかも（笑）。

転勤のほか、社員の勉強や研修などを目的とした異動もやりやすくなります。不動産に強い先生のところへ、例えば半年間、修行のために行って来いとか。あるいは相続に強いスタッフに助っ人として来てもらうとか。

「盛岡事務所から来たスタッフは皆、優秀だ」「さすがは楢山先生の秘蔵っ子」なんて言ってもらえたら、私も嬉しいです（笑）。

7 智創税理士法人の理念

　そんなふうに、法人化への準備は、通常業務と並行する中で、大変なこともたくさんありました。
　個人事務所とはいえ、誰もが「会社のような」形態でこれまでやってきていました。それを新しい会社に引き継ぐ。いってみれば「相続手続き」のような感じでしょうか？
　個人事務所から法人へ、世帯主が変わるイメージです。預貯金名義変更、電話やプロバイダーの名義変更、公共料金名義変更、自動車所有権の移転などなど、相続の場合と同じような手続きが、たくさんありました。
　また、事務的な事柄では、本店と支店の関係や、仮にどこかが赤字になった場合はどうしようかとか、各事務所の月次試算表を毎月5日までには本部に送信して皆で共有化しようね、といった各種のルール化、勘定科目の統一、共通認識、社員の保険、社員証の作成、社用車の設定、ドレスコード…などなど。仮に決めておいて、これから順次、つくったり、切り替えたり、まとめ上げていこうというものもあります。
　準備は大変でした。でも、すごく楽しかったというのも本当です。
　今、書いたような「あんなことができるよね」「こんなこともいいね」という、法人化したことによるメリットやたくさんの可能性が見えてきた。これがすごく嬉しくて楽しかった。
　一緒になる先生方も「夢が広がる」といって、やはり楽しそうにされていたのが、これまた嬉しかったり。
　「もしも智創税理士法人が1万人になったら？　毎月5万円ずつ集めても5億円になる」なんて計算している先生もいました（笑）。
　「そうしたら別会社をつくって、税理士の紹介サイトを開いたり、システ

ムやマニュアルのレンタルとかもして、そうだCMだってつくれる」なんて。

「社員旅行はいつしようか？」「秋がいいね」「1回目は北海道かな？」「でも100人も集まったら…どこかいいホテルあるかな？」って、ちょっと気が早すぎませんか？（笑）。

私たちの合い言葉は「デメリットじゃなく、メリットを探そうよ」です。法人化することのメリットとデメリットについて、私は先に病院のベッドの上で、これはメリット、これはデメリット…と思いを巡らせていました。そのことは前の方にも書いています。

でも、実際に動き出してみると、「ああ、これもあったね、あれもあったね」と、たくさんの「いいこと」が次々に見つかってまいりました。

『いいこと』を膨らませよう。デメリットもあるけれど、そんなものはかき消してしまえるたくさんの『いいこと』をみんなで探して、あんなこといいな、こんなこともできたらいいな…」と、ドラえもんのポケットを探るような（笑）、そんなふうに今、私たちはたくさんのプランを持ち寄って、楽しみながら前へと進み始めています。

「法人化する」なんて、もちろん初めての経験でした。先にも書きましたが、失敗もあったけれど、でも、そこから学んだものもたくさんありました。

新しい書類に出合っても「ああ、こうすればいいのか」という新発見があった。そんな経験もきっと財産になります。自分にとっての資料にもなります。

1. 変化を楽しむ

「大変（たいへん）」とは「大きな変化」のことです。そして、大きな変化は楽しい。

何しろ「未来に向かってやっていること」ばかりなのです。未来を語れるっていうのはすごく楽しいことなんです。

お客さまにも、スタッフにも未来を語れます。私たちの法人の3年

後、5年後、10年後、100年後…。個人事務所だったなら、おそらく50年ぐらいで引退しなければならなくなるでしょう。でも、法人ならば、社長が代わっても、次の社長が続けてくれて、そしてまた次の社長が、というふうに、永続していくことができます。

私は、これまでお客さまに「会社にとっての究極の成功とは、会社がつぶれないで永続していくことですよ」とお話しさせていただいてまいりました。

もしも会社がつぶれてしまったら?

社員は明日からの生活ができなくなってしまいます。それは、社員の未来を消してしまうことなのです。

お客さまも困ってしまいます。取引先も困ります。そして、その会社の商品を楽しみにしていた人たちもがっかりするでしょう。

私の場合でいうなら、税理士の事務所が急に閉じてしまった、ということになります。信頼したからこそお願いしていたのに…。それは、ある意味では「裏切り」に近いものかもしれません。

そして何よりも、会社経営を通じてかなえたかった社長さん自身の夢がなくなってしまいます。

会社がずっとずっと続いていけば、社長の夢も、ずっとずっとかなえ続けていくことができる。言い方を換えるなら、いつまでも未来に向かって行くことができる。挑戦し続けることができる。

だから、会社がなくなってしまう…なんて、いいことは何もありません。多くの人と信頼関係を結び、「あの会社でなければ」「あの社長さんでなくちゃ」と言われるような存在になれたなら、それこそが「会社にとっての究極の大成功」じゃないかなって、私はそう思っています。

未来があるということは、たくさんの可能性があるということ。その中から、実際にいくつのものを「可能」なものに変えて行けるのか。

その「挑戦」が、楽しみなのです。

2．広がる可能性

　「もしもこの先、「智創税理士法人」の支店が、もっと増えていったなら…」と、少し前に書きましたけれども、その可能性は、すでに感じています。

　智創会計人クラブの中には、昨年、単独で法人化された先生もいらっしゃるのですが、その先生は、今回「智創税理士法人」が立ち上がると聞いて「なんだー、だったら一緒にやればよかったなー」とおっしゃっていました。もちろん、将来的に、"合流"という形をとることだってできます。

　また、この先、数年内の合流を「考えてみたい」と検討されている先生もいらっしゃいます。

　さらに、将来的には全国展開も考えています。

　といっても、日本中の税理士事務所を吸収して日本最大の税理士法人になろうとか、そんな「信長の野望」のようなものではありません（笑）。全国制覇ではなく、志を同じくする先生や、事業承継をお考え中の先生で、私たちとご一緒いただける方がいらっしゃれば、お迎えしたいなと思っています。そして「智創会計人クラブ」のメンバーだけ、という限定もいたしません。

　全国組織の大きな税理士法人もたくさんあります。でも、それらの多くは、元は1つの会社（法人）で、やがて他の個人事務所などを吸収したり、合併して大きくなっていったものがほとんどかなと思います。

　ですが、私たちの「智創税理士法人」は、志を同じくする6つの会計事務所が、1つの大きな旗を掲げた船たちです。こんな形の出発は、おそらくまれなケース。いえ、まれというか、かつてなかった新しい形だと思います。

　だから、新たに仲間をお迎えするとしても、吸収や合併というスタイルではなく、その方のカラーを残したまま、個性ある事務所として参加していただけたらと思っています。

もちろん、私たちの法人に加わっていただくための条件などは設定させていただきます。

その条件の第一は、やっぱり、もともとの「智創会計人クラブ」のように、本気、ホンネでお付き合いができて、腹を割ってお話しできる方であること、です。信頼関係と絆で結ばれた"血縁的集団"であるという、私たちのスタンスは、あくまでも変わりません。

頼もしい仲間たちが集まって大きくなることができたなら、共有できる智慧や知識や情報やシステムがもっと増えていき、社内で使えるツールも、智慧者やエキスパートも、もっともっと増えていきます。

目指すところはナンバーワンではなくオンリーワン、というイメージ。よそとは比較できない、よそでは真似のできないサービスを、どこにも負けない結束力と確かさでお客さまに提供していくことが、きっとできます。

そして、社員たちは、皆が家族のように話し合い、助け合い、ともに成長し、皆が一緒に喜び合ったりできる……。

これはほんとうにスゴイことだと思います。

また、私たち6人は「2年に1回、本を出そう」ということを決めました。テーマも皆で出し合って、いろいろな切り口でいろんな本を書いて、智創税理士法人でシリーズ化したいね、と。

今回、この本が、その第1弾ということになります。法人化しようと言い出しっぺの私が書かせていただきました。

法人ができました、なぜ法人にしたのか、どんな法人になるのか……というお知らせとごあいさつです。

「すごい税理士法人ができましたよ！」と（笑）。

「智創税理士法人」という、でっかい旗を堂々なびかせて、帆をいっぱいに打ち立てて、6月1日、私たちは6隻の船で、いよいよ出航いたしました！

8 税理士としての原点回帰

　さて、船出に伴い、私の個人事務所だった「税理士楢山直樹事務所」は、「智創税理士法人盛岡事務所」となり、看板も掛け替えました。
　船室はほとんど変わってはいませんが（笑）、でも、やっぱり気持ちが違いますね。新しいことが始まっている。そんなワクワクする感じがあります。
　変化を楽しんでいる、というところでしょうか。これからどんな風に変わっていくのか。「あんなことや、こんなことがしたい、やりたい」がいっぱい思い浮かんできて、「よし、やろう」という前向きの気持ちにさせられています。ふつふつと心強さが湧いてきます。

1.「想い」を受け継ぐ

　だけど、看板は変わっても、未来への夢が大きく広がっても、そして、やがて私が引退したとしても、会社には、これからもずっと伝え続けて行って欲しいもの、残して行って欲しいものが、あります。
　一番目は、「会計事務所」としての安定的な経営の基盤です。これは、法人化することができたので、事務所のスタッフにも、そしてお客さまにも、きっと安心していただけると思います。
　私が創設した「税理士楢山直樹事務所」は、「智創税理士法人」という100年先の未来にまで永続する会社になりました。社員とお客さまの安心と幸せのためにずっと続いていって欲しいな、と願っています。
　二番目は、個人事務所が法人という大きな組織に変わっても、私・楢山の「想い」を、やっぱりしっかりと伝え、残していって欲しいな…というものです。

事業の承継という意味では、会社として続いていくことになります。そして、実務のやり方・進め方などは、これからも時代とともに変化していくでしょう。

　でも、私が税理士という仕事を通じて、経営者の方々や、地域や、社会などに何を伝えたかったか、という「想い」の部分は、未来に向かってしっかりと継承して欲しいのです。

2．創業の原点

　きっと、誰にとっても、仕事をすることの原点ってあると思います。

　私のふるさとは岩手県岩手郡葛巻町です。昭和28年12月、私はタクシー会社を経営していた父と、その仕事を手伝う母との間に生まれました。

　兄弟は4人です。両親はいつも忙しそうでしたが、子どもたちのこともしっかり構ってくれて、私たちは、緑豊かな町の自然環境と、両親の愛情に包まれて伸び伸びとした子ども時代を過ごしました。

　父は、タクシーの運転もするし、夜は遅くまで帳簿に向かっていました。社員の面倒も見る、子どもたちとも遊んでくれた。いつも忙しそうだったけれど、働いている姿はとても楽しそうでした。

　子どもは親父の背中を見て育つ、なんて言いますね。私はまさにそうでした。白熱電球の下、机に向かい、ときどきお茶をすすりながら帳簿の整理をしていた父の大きな背中は、私の中の父に対する、あるいはふるさとに対して覚える「原風景」の1つです。

　父は、私に「将来、どんな職業に就いてもいい。でも、数字にだけは明るくなっておけ」と教えてくれました。税理士の道を選んだのには、この父の言葉がとても大きく影響しています。

　昭和63年4月1日、34歳で私は個人事務所を立ち上げ、独立しました。若かった私の事務所を訪ねてくださるお客さまは、ほとんどが

年上。私の父親と同じぐらいの年齢の方もたくさんいらっしゃいました。父は49歳で他界したので「生きていればこの人ぐらいの歳なんだよな…」なんて思ったり、亡くなった当時の父と同じ50歳前後の方に、どこか父の姿を思い出したり。

そんな年上のお客さまと一緒にお仕事をするのが、私はすごく嬉しかった。父の仕事を手伝っているような、そんな感じもありました。

そんな感覚は、今でもそのままです。私自身がもう60歳を過ぎてしまいましたが、今でも自分よりも年上の社長さんとお会いしたときなどは、ああ、自分はこの人の役に立てているんだ…と思って、すごく嬉しい。

同時にそれは、お手伝いをさせていただくことで、自分の父に対しても結果として恩返しができているような、あるいは原風景の中である父の背中に、今でもそっと触れることができるような、そんな気持ちもあります。

父親の世代のお客さまに貢献できている。父を手伝っているような嬉しさがある。そんな嬉しさを、自分が選んだ税理士という仕事を通じてたくさん感じることができる。

それが私にとっての仕事の原点なのかなと思います。そして、それは、個人事務所を立ち上げたときの「創業の原点」でもあります。

「税理士という仕事を通じて中小企業の社長さんたちを元気にしたい。お役に立ちたい。そして税理士法人の社員・スタッフとして、私が感じたような喜びや嬉しさを感じて欲しい。この仕事を選んでよかった。そう思って欲しい」

だから、個人事務所だった「税理士楢山直樹事務所」が、「智創税理士法人盛岡事務所」となっても、楢山直樹の創業の原点だけは、しっかり引き継いでいって欲しいと思うのです。

三番目は、その原点にも連なる事柄なのですが、法人の社員として、

そしてこの盛岡事務所の社員として、かつての個人事務所時代に身に付けた仕事への姿勢を受け継いで行って欲しいということです。

法人の盛岡事務所としてのスタートとなった6月1日、私は社員を集めてあいさつを行いました。

そしてその中で、こんなお話しをさせてもらいました。

「事務所内にある電源スイッチの位置を、全員が全部覚えよう」と。

朝、事務所に来たとき、例えば換気扇が回りっぱなし、あるいはコーヒーメーカーの電源が入りっぱなしだったとします。

それは、電源を切り忘れたその人が悪いのではなく、きちんとルール化されていないから起きてしまうことです。

それで、私は、この日、85項目の事柄について話しをしました。

「みんな、目をつぶって。…朝来る人は、まず玄関の2か所の鍵を開けますね。そして換気扇を回します。エアコンを入れます。コーヒーを入れます…」と、1日を全部想像してもらいました。

「電話が鳴りました。3回以内に出た方がいいよね。なぜなら自分がかけたとき、4回も5回も待たされたくないよね」「そして電話に出るときは、明るく元気な声の方がいいよね」「昨日、プライベートで嫌なことがあっても会社に来るときは元気な方がいいよね」

2時間ほどしゃべっちゃいましたが（笑）「それが、私の考える盛岡事務所なんです」

3. "目に見えない"財産

法人化した理由の1つは、これからもずっと事業承継していってほしかったからです。

だから、私は、盛岡事務所の体制を、しっかりしたものにしておきたいのです。法人となっても、創業者である私の心の中で、いいと思ったものは、これからも引き継いで欲しい。

法人になったことで、変わるもの、変えなくちゃいけないものもあります。でも、変えてはいけないものだってあります。「不易流行」というのでしょうか。私は、そこを皆にも考えてほしかったのです。
　例えば、私は夏でもネクタイをキチンと締めます。クールビズが流行していますが、あくまでも私の考えとしては、ネクタイはしっかり締めていたい。なぜならお腹が出てきたから。というのは冗談ですが(笑)、真夏でもしっかりネクタイを締める、ヨソはクールビズでもいい。でも、ウチはそうじゃない。それがウチなのだ、と。私にはどこかに意固地な部分もあるのかもしれませんが。
　100年先までクールビズ禁止…とまでは言いません（笑）。私が言いたいことは、「ルール化したことは守る」、ということ。それは組織として大切なことなのです。そこを皆に理解してもらいたかったのです。
　事業の承継は「相続」でもあります。
　私が考える「相続」とは、被相続人（親）の財産（土地やお金）を相続人（家族や子ども）が受け取ることだけではありません。
　相続の「相」という字は、人相、手相、相貌…というように、「すがた・かたち」のことです。
　また「すがた・かたち」といっても、外見だけのことではなく、「その人の生きてきたすがた・生き様」のことでもあります。その人の内面（想いや願い）も含みます。
　目に見える財産だけでなく、亡くなった人の生き様や想い、願いや遺志、そして心、夢…をも引き継ぐことなのだと考えます。
　法人となった私の事務所は、事業承継という形で、法人に「相続」されていきます。でも、私がこれまで税理士として、そして事務所として紡いできた、そんな「見えざるもの・事柄・思い」を、どうか「財産」と感じてもらって、社員にも、そして子どもたちにも「相続」して欲しいと願うのです。

「あの人が残してくれた想いを大切にしたい」…って、よく言いますよね。どうか私が残したいと願っている想いを大切にして欲しいなぁ…って（笑）。

そういえば「想い」という字は「相」に「心」と書きますよね。

「思い」は、思考とか思いつきといった、人それぞれの頭の中の回路のことです。でも「想い」は、誰かに向けたメッセージ。文字どおり「相対的な心」です。

私の生きてきた姿を、ずっと心に残してもらえたら嬉しいです。

9 新たな挑戦の舞台へ

1. 2つの夢

　「智創税理士法人」として、あんなことや、こんなこと、やりたい夢が広がっている、と書きました。
　私は、この新しい法人の役員として、仲間や社員たちの夢を、たくさんかなえて行きたいと思っています。一方で、私は個人として、実は税理士以外に挑戦したい夢が2つあります。
　先に「税理士は、税理士の肩書きのままで人生を終わりたいと考える方が多い」と、書きましたが、私はそこまでのこだわりは持っていません。私が50代に思っていたことは、65歳まで現場でやったら、あとは本を書いたり、講演活動をしたりして、次の世代の人たちに経験を広く伝えていけたらいいなぁ…と、漠然と考えていました。
　法人化したことで、もっとたくさんの夢が広がっている最中ですが、法人としてかなえたいことと、個人の夢の両方がある。私はなんて欲張りなんだろうなぁって思います。
　でも、欲張りは元気の源、長生きの秘訣かもしれません。
　夢の1つは、タクシー会社を経営したいというものです。
　父が、ふるさとの葛巻町でタクシー会社を経営していたことは、少し前に触れました。そして、父の働く姿が私にとって父とふるさとの原風景であり、父のような中小企業の社長さんのお役に立つことが税理士としての私の仕事の原点だということも。
　タクシー会社は、実家の生業でした。親父のあとを継ぐ…というわけではありませんが、でも、どこかには、ちょっとそんな気持ちがあるのかもしれません。

私も車は大好きですし、税理士以外の仕事として、もしも違う会社を経営するならば、タクシー会社をやってみたい。できれば自分でもハンドルを握ってみたい。もちろんタクシー運転手に必要な第二種免許も持っております。そして、できれば「喫煙タクシー」（禁煙ではありません…）ですぞ（笑）。盛岡駅前でお乗せしたお客さまが「葛巻町までお願いします」なんて言ってくれたら最高ですね（笑）。

もう1つは「カイロプラクティック」の医院を経営してみたい、というもの。

私は2月の寒い日、兵庫県の赤穂市まで行って、連続4日間の缶詰め研修を受け、実務を終え、そして1か月の練習などを経て実地試験を受けて、晴れてカイロプラクティックドクターの資格（初級）を取りました。

ここ数年、たまたま腰が痛い状態が続いていて、たまたまこの施術に興味を持ち、たまたま技術を覚えたのです。そしてついに資格も取得（笑）。

でも、自分で施術を行うのはちょっと大変なので、施術院のオーナーになりたいなと考えたのでした。そして、経営の傍ら、本を書いたり、講演をしたり。「腰が痛い、肩が痛いとおっしゃる方々のお役に立ちたい。そして、元気に長く働いていただき、ご自身の夢をかなえて欲しいな、ずっとチャレンジし続けて欲しいな」って思います。

もちろん、それは、私自身にも引き当てて思うことです。

2．挑戦に失敗はつきもの

私が、事務所のスタッフたちに知って欲しいと思うことのもう1つは、「新しいことへの挑戦には失敗はつきもの」ということです。

学んだり、経験していく中では、必ず失敗することがあります。事務所の中で、いろいろなことを試したり、さまざまなチャレンジをし

て、いっそたくさんの失敗して欲しい。それに対する反省や改善が身について、お客さまのところへ行って成功につながればいい。

　だから、内部では失敗していい。どんどん失敗していい。その経験を積み上げて、外では失敗しないこと。外での失敗は失敗です。

　もう1つ大切なのは、同じ失敗を繰り返さないこと。それでは「反省していないんじゃないの？」と言われてしまいます。

　また、失敗を恐れてチャレンジをやめてしまう、のではなく、「失敗はチャレンジした証し」と考えて欲しい。仕事の上でのチャレンジに失敗したからといって、何も命まで取られることはありません(笑)。失敗を自分の中の経験としておくことで、次はもう失敗しなくなる。そして、誰かが失敗したときは励ますこともできる。

　だから、チャレンジすることを怖がらないで欲しい。

　足を踏み出さなければ、一歩は始まらない。前へは進まない。

3．新たな挑戦を地域社会の幸せにつなげたい

　…と、失敗について書いたあとに、「智創税理士法人」のこれからについて書くのもなんですが(笑)。

　私たちは、地域も違うそれぞれ独立した6つの事務所が集まってできた、設立の形も新しい税理法人です。誰もやらなかった設立のスタイル。これ自体がチャレンジと言えるかもしれません。

　でも、そうしたチャレンジができたことが、私たちにとって今、大きな喜びとなっています。夢と希望がたくさん広がって、またまたチャレンジしたいことがいっぱい浮かんでいます(笑)。

　私たちのチャレンジが、お客さまにとって、これまで以上に安心していただける仕事をお届けし、お客さまのさらなるご発展をお手伝いし、成功へとつながるよう、しっかりと貢献させていただけるものと確信しています。

第1部 発足！ 智創税理士法人〜新たな形態による法人化へのチャレンジ

　お客さまの幸福が、私たちの幸福ともなり、地域や社会にとっての幸福と喜びへとつながっていけますように、「智創税理士法人」の新しいチャレンジを、どうぞよろしくお願いいたします。
　乞うご期待！

　「智創税理士法人　盛岡事務所」としては新たなスタートを切ったばかりですので、第2部、第3部の本文及び資料につきましては旧楢山直樹税理士事務所の内容を掲載しています。
　今後は、税理士法人として6事務所がこのノウハウを共有化するとともに、盛岡事務所以外のノウハウも新たに取り込みながら、たえず改良を加えてブラッシュアップしていく予定です。

お客さまとともに夢を描く

　私、楢山直樹は昭和57年、28歳で税理士としての仕事をスタートし、昭和63年に34歳で独立。数えてみると、税理士人生はもう34年目になりました。なので、ベテランと言わせていただきます（笑）。

　34年の間には、それはもういろいろなことがありました。機会があれば、そんなあれこれをいっぱいお話ししたいのですが、今回は紙幅も少ないので、3つほど、コラムとして書かせていただきます。エピソードというか、税理士としての私のスタンスのようなお話しです。題して「ベテラン税理士のよもやまコラム」。

◇　　◇　　◇

　税理士のもとに「新たに事業を興したい」というお客さまが訪ねてまいりました。

　そういう場合、税理士さんとのやりとりは、「ああ、そうですか。業種は？…なるほど。ウチはこういうやり方しています。税理士の顧問料はこうです。はい、こちらが契約書」…とまあ、超ざっくり言うなら（笑）、こういう流れでしょうか。

　私は、少し違います。契約は欲しいですが（笑）。でも、私は初めてお会いした日は、まず、その方の夢を伺います。そして、その日は契約を交わさず「他の事務所も訪ねてみてくださいね」とお話しして、お帰りいただいています。

　なぜかと言えば、夢を語っていただくと、その夢の中に、その方の事業への情熱や理念が必ず浮かんで来るからです。私はそこを知りたいと思うからなのです。

　「どんな思いで起業されましたか？」なんて伺うと、なかには「食うためです」「務め先の社長と気が合わなかった」なんておっしゃる方もいます（極端ですが）。でも、自分で起業するとおっしゃるからには、心の根っ

第1部　発足！　智創税理士法人～新たな形態による法人化へのチャレンジ

ベテラン税理士のよもやまコラム①

　この部分に必ず「燃えるもの」をお持ちです。
　例えば「自分の技術を試したい、世に広めたい」とか「困っている人の役に立ちたい、助けたい」とか。私は2時間とか3時間ぐらいお話しを伺います。すると、皆さんもだんだん熱くなってきて、そんなふうにたくさんの思いをお話しくださいます。
　「経営理念ってつくられましたか？」「いや、つくってません」「今、お話しされた中に、社長の思いがたくさん出ています。やりたいとお考えのあんなこと、こんなこと。それが経営理念になるんじゃないですか？」とお伝えすると「ああ、そうだね！」っておっしゃる。
　方針が決まるというか、集約されていく。よりはっきりしてくる。
　「私は税理士なので、税務のこと、会社のこと、数字のこと、経営のことはバックアップさせていただきます。社長さんは本業に徹してください。自分の技術を世に役立ててください」なんて言うと、すごく喜んでくださ

います。「スッキリした」という感じで（笑）。
　私も、その会社の業務がよく分かるし、お相手のお人柄や仕事に対する考え方、情熱なども知ることができます。
　「税理士事務所として、料金はいくら、これもやったらなんぼ、明朗会計です。はい、ここにハンコください。では、じゃあ、早速来月から…」と話がトントン進んで、30分ぐらいで事務所をあとにすると、外に出た瞬間に「なんだかハンコをつかされた気がするなぁ…」なんていう、ある種の被害者意識を感じるかもしれません。私なら、そう感じてしまうでしょう。
　だから私は、1回目はお話しだけ（そのかわりたっぷり伺います）。初めてお会いした日は、顧問契約はいたしません。基本料金をお示しして、高そうならお安いところもご紹介できますので、他の税理士さんも訪ねてみてください…。
　でも、2時間も3時間もお話しを聞いてくれる税理士さんなんて、いないと思います。私は、これからお付き合いする方のことを知っておきたい。私のことも知って欲しい。まず、お互いに知るべきところを知ってから、です。
　そういう意味では入り口が大切です。そして、二人三脚で、これからの夢をいっしょに考えていきたいのだから。
　社長さんが未来のワクワクドキドキを嬉しそうにお話しされる様子は、伺っていて私も嬉しい。いっしょに伸びて行けるのが嬉しくて楽しい。
　え？　楢山事務所の経営理念ですか？
　「私たちは、あなたの会社を元気にします！」です。
　もちろん「智創税理士法人盛岡事務所」になっても、それは変わることはありませんよ！

第2部

クライアント自身の気付く力を引き出す！
～旧楢山直樹事務所の実践ノウハウ公開

1 お客さま（社長）の心境を理解し信頼関係を築くコツ

1．お客さまは「知らない」とは言わない

　お客さまを顧問するにあたって、お客さまの心境と税理士事務所の心境との間には、相当なギャップがあると思ってください。税理士事務所はまず始めに、このことを認識しておかなければなりません。

　お客さまである中小企業の社長や経営者は、月次試算表の読み方をほとんどいっていいほど、知りません。しかし、「知らない」とは言いません。お客さまにもプライドがありますので、この点を税理士事務所は認識しておくことが大切です。そもそも、社長は会社経営についてはプロですが、税務や会計については、苦手あるいは弱い方が多いので、税理士事務所に依頼しているのだと思います。苦手なところは人間、なかなか「知らない」とは言いにくいものです。この点をしっかり押さえておくことが肝心です。

　税理士事務所にとっての仕事の第一歩は、この変なプライドを取り除いてあげることが大切になります。最初から「教えてあげる」という態度ではいけません。まず大切なのは、社長のプライドを傷つけないように話をしていくことです。例えば、「ご存じだとは思いますが…」という形で話を進めていきます。すると、社長の方から進んでさまざまな質問や疑問点を出してくれる、という傾向があります。

　繰り返しですが、お客さま（社長）の心境にしっかりと配慮し、「ご存じだとは思いますが…」という言い方が1つ目のコツです。

2．お客さまは専門用語に慣れていない

　例えば簿記や税務、会計の用語は、お客さまにとってなかなかとっ

つきづらく、分かりにくいものです。「税理士事務所の専門用語を（お客さまが）分からないのは当然だ」と我々税理士事務所のスタッフは認識する必要があります。

　そして、その専門用語をついつい使ってしまう方がいます。社長からしてみれば、外国語を聞いているようなものです。そのため、社長は専門用語を羅列された説明を聞かされれば聞かされるほど、ますます理解ができず、頭の中が混乱してしまいます。しかし、混乱するのがあたり前だということです。

　私自身もそうでしたが、最初に簿記を習ったり、会計を習ったりした時は、まるで外国語を聞いている感覚でした。その時の心境を思い出し、社長の立場になってお話してあげることが2つ目のコツです。

3．お客さまは専門用語が分からないため、（税理士事務所の）説明を理解しにくい

　お客さまは、会計や簿記、税務の専門用語に慣れていないため、どんなに我々が一生懸命に説明をしても、専門用語を使い続ける限り理解しにくいということです。そのため我々税理士事務所は、誰にでも分かる言葉に置き換えて説明する必要があります。

　私の事務所では、分かる言葉に置き換える時は、言葉の定義をしっかりと説明します。定義することでお客さま自身の理解を深めていただきます。

　税理士事務所側から考えると、有能なスタッフやベテランのスタッフは、ついつい専門用語が自分の中ではあたり前の言葉になってしまっています。

　ですが、会計のプロだからこそ、お客さまに説明するときは、簡単な言葉に置き換えてあげることが必要になります。我々は直接社長に話をしますが、社長は「分からない」とは言いませんので、皆さんの

税理士事務所の所内研修の中で、説明の実習をしておくことが必要になります。所内研修が難しいようでしたら、同僚、あるいは家に帰り、家族や奥さまを練習台として、社長に話すように話してみましょう。
　その都度、「今の言葉は分かる？」と聞いてみてください。会計や簿記などの用語に慣れていない素人の方が、いかに我々専門家が話す言葉の内容を理解することが難しいかが分かります。分かりやすい言葉や理解できる言葉に置き換えてあげることが3つ目のコツとなります。
　プロと専門用語に慣れていない方の間に、ギャップがあることを体験し、知っておくといいと思います。

2 税理士事務所は専門用語をいかに使わないで、分かりやすく説明できるか

　繰り返しになりますが、我々税理士事務所は、ついつい専門用語を使ってしまいがちです。しかし、本当の会計のプロならば、「相手のレベルに合わせて説明できるかどうか」が重要です。

　例えば、「借方」「貸方」という用語であれば、最初からその言葉を言わず、最初の段階では「左側」「右側」という表現だけで十分だと思います。そして、相手が「借方」「貸方」という言葉を理解してきた段階になってから、次の段階に移ります。

　次の段階で初めて、左側を「借方」、右側を「貸方」という言葉を使って説明していきます。事務所の中でスタッフとお客さまとの電話のやりとりを聞いていると、あるスタッフは、会社のレベルがまだ初期段階にあるので、「左側がどういう科目で、右側がどういう科目か」というような会話をしていました。

　ある程度知識がある担当者との会話ですと、「借方がいくらで貸方がいくら」とか、「借方の勘定科目が何で」という会話をするようになります。もう少しレベルアップしますと、「借方が勘定科目コード番号（以下、単に「コード番号」）のいくらで、貸方がコード番号のいくら」というような、コード番号で会話をしている場合もあります。

　このように電話での会話を聞いていますと、スタッフがどの程度のレベルの社長、経理担当者とお話しているのかが分かります。

　以上のことから、やはり動機付けや専門用語の定義をするということは、必要なことではないかと思います。

　税理士事務所のプロともなれば、相手の顔を見れば、その理解度が分かるようになります。

また、社長とお話しながら、相手の顔の表情で理解の度合いも分かるようになります。相手の理解度に合わせ、内容をレベルアップしてお話したり、レベルダウンして、社長が理解できるような会話をしていくことがポイントとなります。
　セミナーで講師として話をしたり、社長と直にお話していてもそうですが、ちょっと難しい言い方の後、社長が怪訝そうな顔をしたときは、再度「ご存知でしょうが…」、「理解しているでしょうが…」という言葉を挟み、レベルダウンしてあげて、もう一度優しい言葉に置き換えてお話することを心がけてください。そうすることで、社長は、「あ、分かった！」という顔をするようになるはずです。
　ニコッと笑顔になり、「なるほど」という顔をしますので、相手に合わせて、どうお話していくかということを考える必要もあるかと思います。

3 お客さまと税理士事務所のギャップをいかに埋めるか

1. お客さまの立場になって税理士事務所内で、月次試算表の説明方法の所内研修会を実施

　私の事務所では、第一土曜日は9時から12時まで所内研修の時間にあてています。

　例えば、我々税理士事務所は、どちらかと言うと目に見えない商品を提供しています。その中で形が見えるのは、月次の試算表となります。これが目に見える唯一とも言える商品となりますので、試算表をどうお客さまに説明していくか、ということが税理士事務所にとって重要になってきます。

　ですから、試算表の説明ができるまで、事務所内で所内研修をします。

　所内研修であれば仲間内ですから、どんな失敗をしても致命的な失敗にはなりません。むしろ研修中に、さまざまな気付きや改善点が出てくるのではないかと思います。

　私の事務所でも、Aさんが説明役でBさんが社長役、今度はBさんが説明役でAさんが社長役、という役割を決め、話す方も聞く方もどう説明したら分かりやすいか、ということを考え、次にそれを活かしていく、というような研修をしています。

　この研修で「どうお客さまに説明していくか」ということを突き詰めることにより、試算表の説明の仕方を理解できるようになるのではないかと考えるからです。

　また、電話の応対の仕方についても研修をしています。電話でのやり取りを録音しておき、話し方について所内全員で聞いて確認をします。例えば、せっかくいい言葉を使って会話していても、最後に語尾

を上げるような話し方はいけません。そういう話し方をされると、私でしたら「職員教育がなっていない」と思ってしまいます。

また、思わず、会話の中で「うん、うん」というような友達言葉になってしまうこともあります。いけないこととは分かっていても、自分では気付いていないことが多いと思いますので、電話でのやり取りを録音して、客観的に自分の話し方を確認することもポイントです。

所内研修では、何度失敗を繰り返してもいいのです。失敗することにより、成長することができます。そして、失敗の数だけ成功に近付いていると考えましょう。

2．税務・会計の専門用語を簡単な言葉に置き換える

特に、我々が社長にとって初めての専門用語を言うときは、「これはこういう意味ですよ」と補足説明や言葉の定義をします。

そして次のステップでは、こうした経験を研修会などでも積み重ねて「言葉の置き換えの達人になる」ことです。現場では専門用語を簡単な言葉や、分かりやすい言葉に置き換える必要があります。相手がすぐに理解できる簡単な言葉にいかに置き換えられるかにより、自分自身の力や自分が成長したかどうかが、明確に分かるからです。

3．税理士事務所が作った試算表は、
　　お客さま自身の試算表だと思っていない

税理士事務所とお客さまとの大きなギャップの1つとして試算表のとらえ方があります。試算表は、本当は会社の数字なのに、社長が理解していないと、「勝手に税理士事務所が作ったもの」と認識されてしまう場合があります。これについては、会社の大事な数字、結果が出ているものであるわけですから、会社がやるべきこと、役割をきちんと認識していただくような説明も必要になります。

税理士事務所が勝手に作ったものではなく、「いかに自分の会社の試算表にさせるか」という努力を、我々税理士事務所がしなければなりません。

社長自身が、「うちの会社は現在こういう数字の状況である」ということや、「こういう問題点もあるが、こういうよいところもある」ということを、認識するところまで落とし込むことがポイントになります。

4 話題提供の方法

1. 組合せの要素はシンプルに

　次に（お客さまに対する）話題の提供方法ですが、まずはじめに「過去と現在と未来」の3つの切り口を考えます。

　社長とお話し、「現在、これから3年後、5年後、またそれ以降の未来はどのような会社にしていきたいですか?」という話題を提供していくのです。

　次に話題を、現在・過去・未来と分類します。それが、仕事に関連しているかどうか、個人、家庭でどうなのか、社会でどうなのか、という切り口にもっていきます。

　あとはこの3つの組合せにより、話題提供していきます。切り口をさまざまな角度から見ていきますと、会話はスムーズに続き、次から次へと出てきます。

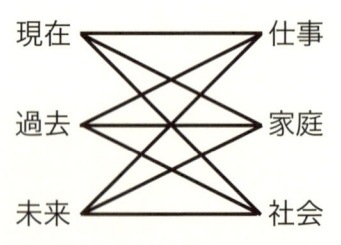

```
現在　　　　　仕事

過去　　　　　家庭

未来　　　　　社会
```

　上の図の左側には、現在・過去・未来の3つが、右側には、仕事・家庭（個人）・社会の3つの言葉が書いてありますが、この言葉が切り口となります。この左側と右側を組み合わせていけば、話したいことはどんどん出てきます。

　例を挙げますと、「仕事」では、「今現在は実績があがってきていますが、会社を創業した当時はこうでしたね」ということや、「有限会

社を経て今は株式会社ですが、5年後、10年後の未来はどのように描いていらっしゃいますか？」ということを質問できます。

「家庭」の場合は、社長のご家族に関する話題で、「子供さんが結婚されましたね」ということや、「お子さんが今高校生だということですが、将来的にはどうなりますか？」という話もできます。

「社会」の場合も、会社のとの関わり方についての話題提供をします。

基本形は、6つの中から2つを選ぶ組合せなので、話題提供のバリエーションは豊富になります。こういったことから話題提供して会話の流れをつくれば、無限大に近いくらい話題はあり、いくらでも会話は続きます。

また、「こんなことに悩んでいるのです」とか、「こんな問題点がある」ということについては、我々は「なるほど、なるほど、それで？」「それからどうしたのですか？」と次々に話題を聞き出してあげることがポイントとなります。

そうすると、今まで、いろいろと悩みを抱えていた社長が話をしている最中に、自然に考えを整理できる場合があります。会話しているだけで「あ、そうか」というひらめきがあり、自分で解決できてしまうのです。

このような会話の仕方もありますし、悩みのもとがはっきりしていない時に話を聞き、相談に乗ってあげることもよいかと思います。聞いている時に、「社長がおっしゃっていることはこういうことですよね。ここで悩んでいらっしゃるのですね」と整理することで、「そうそう、私が言いたかったのはそういうことだよ」ということもあります。社長自身も分かってきて、さまざまな話をして帰路につかれます。

このように相談に乗ることにより、「やっぱりこの税理士事務所は自分のことをよく聞いてくれるし、さまざまな相談に乗ってくれる」と社長は思うはずです。

方向性や明確な答えというのは、社員の立場でないと言い出せないかもしれません。しかし、「社員だったらこう思います、こう思うは

ずです」とは言えます。

　「私がその会社の社員だったらこう思います」と言うことにより、社長自身が気付くきっかけや、「なるほど」と理解できるような情報を発信することが大切です。

2．相手の立場を思いやる

　これからの税理士事務所は二極分化で淘汰される時代になっていきます。自分ができること、自分が提供できること、自分自身が成長するためにどういったことをすればよいのか、そのようなことを考えていきながら、社長へのワンポイントアドバイスをどうするかを考えていく必要があるでしょう。

　ポイントは、「お客さまの心境と税理士事務所の心境には相当のギャップがある」ということです。

　お客さまの心境を、「どう認識し」「どのように話題提供するか」「どういうふうに伝えていくか」の3つを肝に銘じてください。

　相手の立場で考え、専門用語はなるべく使わない。専門用語を使わないことは、最初は容易ではありません。簡単な言葉に置き換えることは、自分自身が理解していなかったり、努力していないとできないことです。しかし、社長との会話を楽しみ、さまざまな言葉を使いこなせるくらい自分の中で専門知識や専門用語を理解しておけば、もっとコミュニケーションが取れるのではないかと思います。

　月次の試算表もそうですが、「社会人としての会話をどのように身に付けていくか」、これは事務所全体の勉強の仕方もありますし、個人個人がさまざまなところで知識を仕入れ、勉強することが必要になるかと思います。

　我々税理士事務所が一番大切にしなければならないことは、「いかにお客さまの目線で見ていくか」ということです。

5 月次試算表をお客さま（社長）に説明するコツ

1．月次試算表の種類

　私の事務所がお客さまにお渡ししている資料は、
①　インフォメーション【資料1】（81頁）
②　表紙【資料2】（82頁）
③　目次【資料3】（83頁）
④　月次決算書
の順番でまとめられたものです。
　ここではまず、月次の試算表というのは我々税理士事務所にとって、目に見える唯一の商品だということを、きちんと認識しておきましょう。
　税理士事務所の商品というのは目に見えないものですから、試算表を見える商品としてどのように提供していくかが税理士事務所の腕の見せ所となります。
　私の事務所では、エプソン、キャッシュレーダー、TKCといった3つの会計処理ソフトを使用しています。本来、1つのソフトで処理すればもっと効率がよいかと思いますが、会計処理ソフトの何を使うかは、材料や素材であり、「お客さまに提供するときにどのように加工するか」ということが最も重要になってきます。

2．月次試算表の"商品化"

　次に、税理士事務所の仕事を目に見える形で商品化をしていくことが、大切になります。
　つまり、「いかに材料や素材を加工し、事務所の商品としてお見せできるようにしていくか」ということです。

「月次決算書」の中身の順番は、
① 貸借対照表【資料4】（84頁）
② 損益計算書【資料5】（85頁）
③ 貸借対照表2期比較構成図【資料6】（86頁）
④ 損益計算書2期比較構成図【資料7】（87頁）
⑤ 売上高の推移【資料8】（88頁）
⑥ 損益分岐点分析図表【資料9】（89頁）
⑦ 決算対策試案【資料10】（90頁）
としています。

　③・④の月次の比較構成図【資料6・7】は、貸借対照表と損益計算書のそれぞれの構成の割合を図で表わしています。我々税理士事務所は「数字」に抵抗がないのですが、お客さまは抵抗があります。そこで、この比較構成図は「目で見る試算表」として、お客さまに分かりやすくお伝えするためのツールとなります。
　⑤の売上高の推移【資料8】では、売上高を棒グラフで前期比較していきます。月々の売上げが推移図に凸凹で表われますので、「凸凹になった原因は何なのか」を経営者の方とお話をしていきます。
　⑥の損益分岐点分析図表【資料9】は、こちらも損益分岐点の前期比較となっています。こちらの図表をもとに、現在の経営状況について説明していきます。

第2部　クライアント自身の気付く力を引き出す！～旧楢山直樹事務所の実践ノウハウ公開

【資料1】インフォメーション

INFORMATION

所長	課長	担当者	記帳

株式会社　MS　殿

9月分のデータを送付いたします。

御検討ください。

□ "成功する人33の鉄則" □ ～「成功した人生を送るために」～

◇「自分の仕事を面白いと思えるか」

・「面白ければ力がつく」
　貴方は今やっている仕事が面白いだろうか？それとも面白くないだろうか？これは貴方の将来にとって、非常に大きな影響力を持つ大事な質問である。何故かというと、今やっている仕事がとても面白く、集中しているときは意識していなくても自分の能力が上がり、力がついているときだからだ。
　仕事が面白い時には、仕事を通じて体験することが新鮮で、自分にとって未経験のことでも自分から挑戦して克服することによってやりがいを感じているからである。
　これに対して、貴方が今、仕事が面白くない、つまらないとすれば、今の毎日が新しい能力がつかず、貴方の貴重な人生の時間を浪費していることになる。

・「仕事はゲームやスポーツと同じである」
　決まった仕事を決まった通りにやるだけでは、いつか仕事への興味を失ってしまう。そうであれば、ゲームやスポーツのように、面白くやる方法を考えてみよう。
　単に言われた仕事を習慣的にこなすのではなく、この仕事をもっと早く、あるいは、もっと楽しく、もっと楽しい方法はないかと考えて、工夫をしてやってみることである。もっとお客様に喜ばれるやり方はないか、と考えるのも良いし、自分にとって全く新しいものであれば、遊び感覚をもってやってみることも大切になってくるのである。

・「結果の測り方を工夫すれば面白くなる」
　仕事にしろ、ゲームにしろスポーツにしても、スリルとサスペンスが必要である。いつも同じ方法で繰り返すのは面白くない。必ず新しいやり方を求めて創意工夫をするのが仕事を面白くする道である。
　仕事というものは、その結果を測ることによって面白くなるものである。自分なりの測り方を工夫して新たに編み出すようにしていくと、仕事が面白くなっていくのである。

[自己チェック]

□仕事を与えられたものと考えてはいないか
□仕事に追いかけられてはいないか
□仕事を追いかけているか
□自分の仕事にしているか

※学んだこと※
「仕事は自分自身の能力を高めてくれるもの、常に創意工夫を！」

◇畠山芳雄著「成功する33の鉄則」サンデータ出版

[文責：楢山直樹]

税理士
楢山直樹事務所
Licensed tax accountant clerical work office

〒020-0066　盛岡市上田三丁目14番11号
☎019-654-0606　FAX 654-0085
HP http://www.narayama.com

【月次データ進捗状況表】

決算まであ	カ月	12	11	10	9	8	7	6	5	4	3	2	1	決算
	0	済	済	済	済	済	済	済	済	済	済	済	済	9

【資料2】表　紙

㊙

※数字に強い経営者・幹部・社員になるための…

月次決算書

平成　　年 9 月分

商号　　株式会社　MS

〈目　的〉
(1) 貸 借 対 照 表(B/S)…「会社の一定時点の財政状態」(資金の運用・調達)
※利益を出すために社長が意思決定するための資料である
(2) 損 益 計 算 書(P/L)…「会社の一定期間の経営成績」(儲かった・損した)
※どこに手を打てば利益が出るか全社員が理解するための資料である
(3) キャッシュフロー計算書(C/F)…「会社の利益と資金のズレ」(勘定合って銭足らず)
※お金を残すためのC/F経営を経営幹部が理解するための資料である

税理士
楢山直樹事務所
Licensed tax accountant clerical work office
〒020-0066 岩手県盛岡市上田3丁目14番11号　TEL 019-654-0606　FAX 654-0085
URL http://www.narayama.com　E-mail QWN11073@nifty.ne.jp

第2部　クライアント自身の気付く力を引き出す！～旧櫓山直樹事務所の実践ノウハウ公開

【資料3】目　次

* 月次決算書には、次の書類が綴り込まれております。
* 毎月の会社の経営努力の結果となっております。
* 月次決算書の完全理解により早期の決算対策が可能です。

※※※※※　　目　　　　次　　※※※※※

1. 貸借対照表（B／S）

2. 損益計算書（P／L）

3. 要約貸借対照表

4. 変動損益計算書

5. 資金移動図表

6. 3年度比較純売上推移グラフ（全社合計）

7. 3年度比較純売上推移グラフ（1従業員当り）

8. 貸借対照表2期比較構成図

9. 損益計算書2期比較構成図

10. 売上高の推移

11. 損益分岐点図表

※次回監査日→　　月　　日（　）□AM□PM　　時　　分となっております！

【資料4】貸借対照表

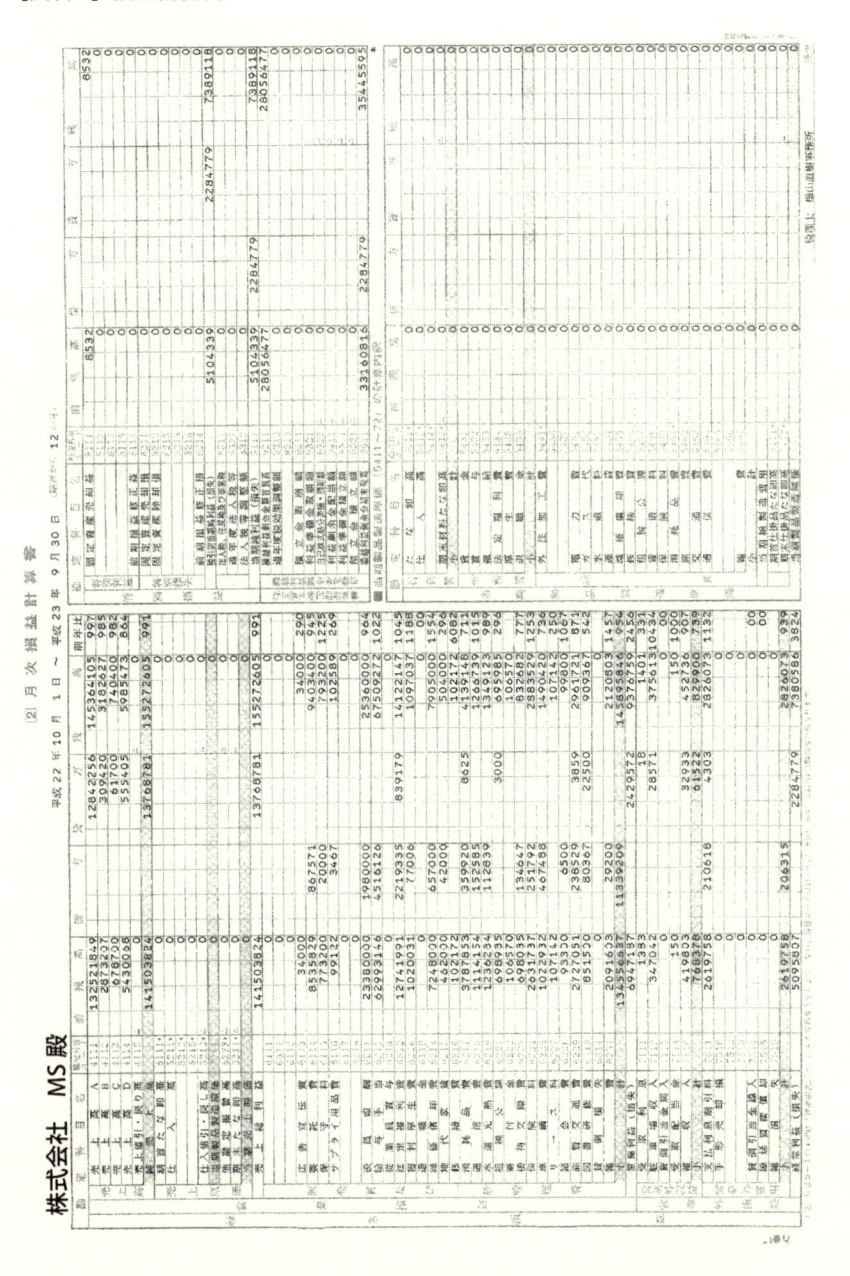

第2部 クライアント自身の気付く力を引き出す！〜旧楢山直樹事務所の実践ノウハウ公開

【資料5】損益計算書

【資料6】 貸借対照表2期比較構成図

株式会社　MS殿

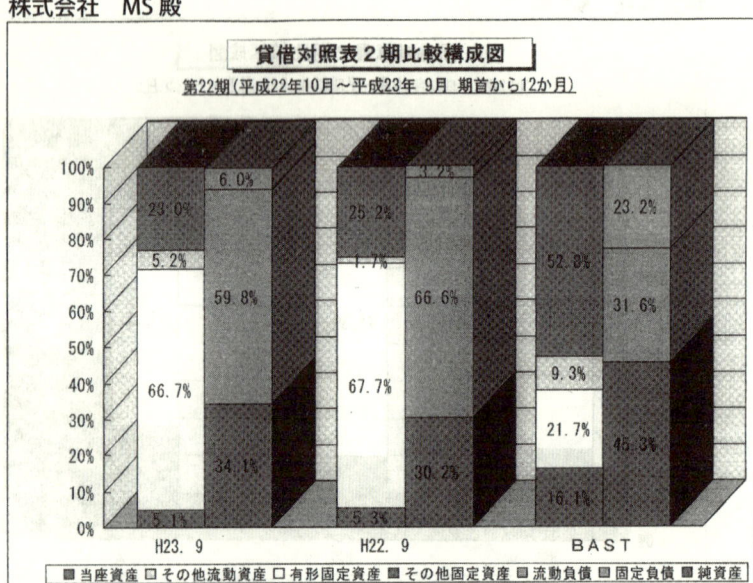

貸借対照表2期比較構成図
第22期（平成22年10月～平成23年9月　期首から12か月）

凡例：当座資産　その他流動資産　有形固定資産　その他固定資産　流動負債　固定負債　純資産

(単位：千円)

行	項目	H23.9		H22.9		BAST
1	当座資産	41,707	23.0%	46,541	25.2%	52.8%
2	その他流動資産	9,472	5.2%	3,172	1.7%	9.3%
3	有形固定資産	121,013	66.7%	124,891	67.7%	21.7%
4	その他固定資産	9,238	5.1%	9,742	5.3%	16.1%
5	流動負債	10,971	6.0%	5,834	3.2%	23.2%
6	固定負債	108,555	59.8%	122,797	66.6%	31.6%
7	純資産	61,904	34.1%	55,715	30.2%	45.3%
8	負債・純資産合計	181,431	100.0%	184,347	100.0%	100.0%

(注) BAST値は平成23年版を利用しています。

【メモ】

税理士楢山直樹事務所

第2部 クライアント自身の気付く力を引き出す！〜旧楢山直樹事務所の実践ノウハウ公開

【資料7】損益計算書2期比較構成図

株式会社　MS殿

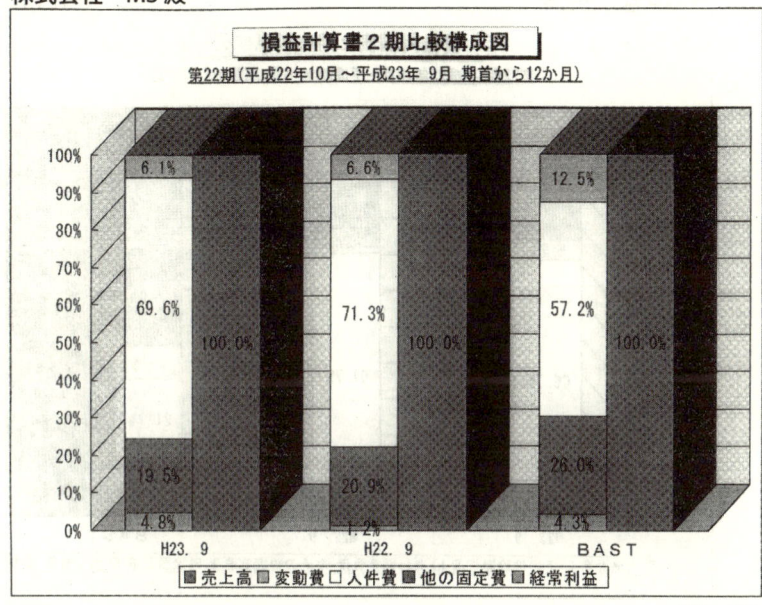

損益計算書2期比較構成図
第22期(平成22年10月〜平成23年 9月 期首から12か月)

（単位：千円）

行	項　　目	H23. 9		H22. 9		BAST
1	売　上　高	155,272	100.0%	156,750	100.0%	100.0%
2	変　動　費	9,505	6.1%	10,331	6.6%	12.5%
3	限　界　利　益	145,766	93.9%	146,419	93.4%	87.5%
4	人　件　費	108,088	69.6%	111,786	71.3%	57.2%
5	他　の　固　定　費	30,297	19.5%	32,702	20.9%	26.0%
6	経　常　利　益	7,380	4.8%	1,930	1.2%	4.3%

(注) BAST値は平成23年版を利用しています。

【メモ】

税理士楢山直樹事務所

【資料8】売上高の推移

株式会社　MS殿

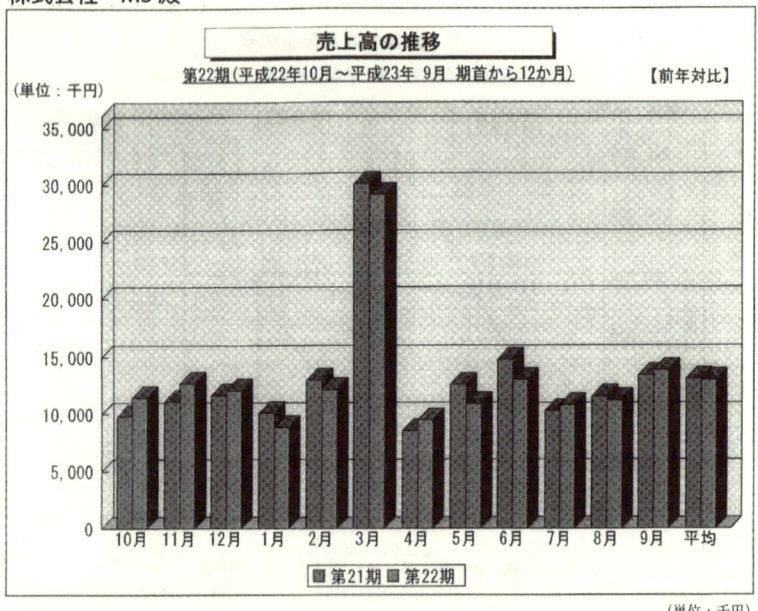

売上高の推移
第22期（平成22年10月～平成23年9月　期首から12か月）

（単位：千円）　　　　　　　　　　　　　　　　　　　　　【前年対比】

（単位：千円）

行	項目	10月	11月	12月	1月	2月	3月	4月	5月	6月	7月	8月	9月	平均
1	第22期(A)	11,387	12,635	12,028	8,786	12,140	29,126	9,485	10,904	12,969	10,784	11,255	13,768	12,939
2	第21期(B)	9,801	11,104	11,621	10,048	12,994	30,111	8,472	12,613	14,767	10,272	11,519	13,425	13,062
3	差額(A-B)	1,586	1,530	407	-1,261	-854	-985	1,013	-1,706	-1,797	511	-264	343	-123
4	対比(A/B)	116.2%	113.8%	103.5%	87.4%	93.4%	96.7%	112.0%	86.3%	87.8%	105.0%	97.7%	102.6%	99.1%
5	予算(C)	10,452	11,875	12,429	10,758	13,890	32,107	9,098	11,429	15,682	10,540	12,723	13,723	13,725
6	差額(A-C)	935	760	-400	-1,971	-1,749	-2,980	387	-524	-2,712	244	-1,467	45	-786
7	対比(A/C)	109.0%	106.4%	96.8%	81.7%	87.4%	90.7%	104.3%	95.4%	82.7%	102.3%	88.5%	100.3%	94.3%

【メモ】

税理士楢山直樹事務所

第2部　クライアント自身の気付く力を引き出す！〜旧楢山直樹事務所の実践ノウハウ公開

【資料9】損益分岐点分析図表

株式会社　MS殿

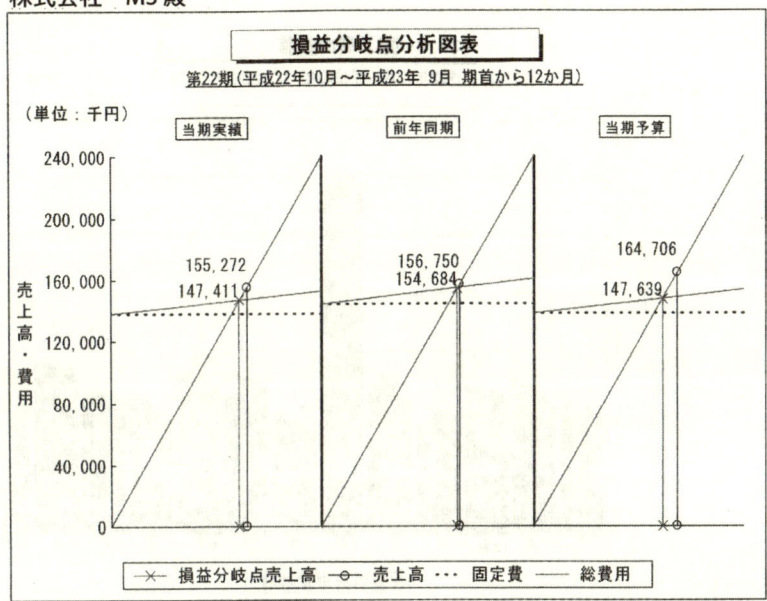

損益分岐点分析図表
第22期(平成22年10月〜平成23年 9月　期首から12か月)

(単位：千円)

当期実績	前年同期	当期予算
155,272 / 147,411	156,750 / 154,684	164,706 / 147,639

凡例：—×— 損益分岐点売上高　—○— 売上高　… 固定費　── 総費用

(単位：千円)

行	項目	H23.9		H22.9		前年比	予算		予算比
1	売上高	155,272	100.0%	156,750	100.0%	99.1%	164,706	100.0%	94.3%
2	変動費	9,505	6.1%	10,331	6.6%	92.0%	10,705	6.5%	88.8%
3	限界利益	145,766	93.9%	146,419	93.4%	99.6%	154,001	93.5%	94.7%
4	固定費	138,386	89.1%	144,489	92.2%	95.8%	138,043	83.8%	100.2%
5	経常利益	7,380	4.8%	1,930	1.2%	382.4%	15,958	9.7%	46.3%
6	損益分岐点売上高	147,411	—	154,684	—	95.3%	147,639	—	99.8%
7	経営安全率	5.1%	—	1.3%	—	392.3%	10.4%	—	49.0%

【メモ】

税理士楢山直樹事務所

【資料10】決算対策試案

決算対策試案

平成〇年〇月〇日

実行すべき項目		No.	実行すべき事項	摘要	実行の指示	実行日	チェック
A	経費項目	1	業績(決算)手当の支給	期末までに確定金額通知が必要、期末までに現金で支給	□有 □無		
		2	決算手当の未払計上	期末までに確定金額通知が必要	□有 □無		
		3	慰安旅行の実施	期末までに旅行の施策了	□有 □無		
		4	広告宣伝の実施	期末までに完全に施策了	□有 □無		
		5	販売促進の実施	名入タオル・QUOカード・ボールペン他	□有 □無		
		6	制服・作業服の購入	期末までに現物支給完了	□有 □無		
		7	消耗品の購入	10万円未満のものを購入	□有 □無		
		8	一括償却資産の購入	20万円未満のものを購入	□有 □無		
		9	少額資産の購入	30万円未満のものを購入	□有 □無		
		10	社員研修の実施	研修費として活用を検討	□有 □無		
		11	CASH+RADAR Proの導入	事務の効率化・合理化を検討	□有 □無		
		12	TKC/FXシステムの導入	事務の効率化・合理化を検討	□有 □無		
		13	経理ソフトの導入	事務の効率化・合理化を検討	□有 □無		
		14	パソコンの購入	事務の効率化・合理化を検討	□有 □無		
		15	生命保険の新規加入	福利厚生費として活用を検討	□有 □無		
		16	生命保険の見直し	福利厚生費として活用を検討	□有 □無		
		17	ネットコープ共済への加入	福利厚生費として活用を検討	□有 □無		
		18	生命保険の一括年払	3年以上の継続適用が条件となる	□有 □無		
		19	損害保険の新規加入	福利厚生費として活用を検討	□有 □無		
		20	損害保険の見直し	福利厚生費として活用を検討	□有 □無		
		21	損害保険の一括年払	3年以上の継続適用が条件となる	□有 □無		
		22	火災保険01年分前払	3年以上の継続適用が条件となる	□有 □無		
		23	短期前払費用の支払	3年以上の継続適用が条件となる	□有 □無		
		24	修繕費の計上	資本的支出以外の現状復旧分	□有 □無		
B	設備項目	1	車両運搬具の新規購入	期末までに納車が必要	□有 □無		
		2	工具器具備品の新規購入	期末までに納品が必要	□有 □無		
		3	建物等の塗装・修理	期末までに塗装・修理完了が必要	□有 □無		
		4	固定資産の修理	期末までに修理完了	□有 □無		
		5	固定資産の廃棄・売却	決算時に廃棄・売却が完了	□有 □無		
		6	不良在庫の処分	期末までに処分が完了	□有 □無		
C	その他項目 税法的項目	1	貸倒引当金の計上	実効的な債権のみに適用可能	□有 □無		
		2	不良債権の整理・通知	期末までに事前通知が必要	□有 □無		
		3	債権特別償却の計上	不良債権の事実認定が必要	□有 □無		
		4	開業費一括(一部)償却	開業時に処理が可能	□有 □無		
		5	繰延資産の一括償却	決算時に処理が可能	□有 □無		
		6	消費税の期末・未払計上	毎期継続適用が条件となる	□有 □無		
		7	役員退職金の計上	退職の事実認定が必要	□有 □無		
		8	退職給与金の計上	簿価化等の実態認定が必要	□有 □無		
		9	評価損の計上	該当する資産のみ適用される	□有 □無		

税理士 楢山直樹事務所

3．月次試算表の説明の仕方

（1）説明時に準備するもの

まずは準備するものですが、色は何色でもよいのですが、「マーカーペン」です。説明をしていて、大切なところには社長自身にマーカーで記入していただくのです。

そのほかに「赤ペン」でメモしてもらったり、実際に社長に計算していただくなどして、自分にとって身近な数字にしていただく意味で「電卓」も準備していただきます。

（2）お客さま、社長本人に書いてもらうこと

我々税理士事務所は数字で説明させていただくとき、こちらが勝手に丸をしたり、数字を書いて説明しますので、どうしても聞いている側の社長には、自分の数字として実感を持ってもらうことが難しくなってしまいます。

ですから、社長自身にペンで記入していただき、必要なところにマーカーで印を付けてもらっています。社長自身に書いていただくことが大切なのです。

それにより、今までは税理士事務所のものだった月次試算表がお客さまにとって「自分の会社、自分のもの」という認識に変わるのです。

（3）月次試算表をとにかく汚すこと

月次試算表には、書き込みをしたり、マーカーで線を引いたり、さまざまな印を付け、とにかく汚していただきます。

「大事なところにはどんどん書き込んで落書きをさせる」ことが結果的に、社長が関心を持つ数字へとつながっていきます。

(4) 自分のものにした実感を持たせること

社長自身の字で記入していただく、社長自身が電卓をたたくことにより、社長自身が分かるようになります。ここがポイントです。

そのうちに自分の試算表となった実感が出てきますから、常に試算表を持ち歩くようになる社長もいます。

一般的に、このように相手に何かをやってもらうには、2つ以上のメリットがないと動かないそうです。

この場合であれば、社長にやっていただく場合のメリットとして、

① 試算表が読めるようになること
② 今月の数字から来月の戦略を立てられるようになること

が挙げられます。この2つのメリットがあると、社長自ら参加してくれるようになります。

(5) 悪い説明の具体例

以前、別の税理士事務所から私の税理士事務所に移ってこられた会社の社長さんが、「前の税理士には、表紙もない、コピーした試算表を目の前に広げられ、何か質問はありませんか？何でも答えますよ、と言われました」とある時雑談の中で聞きました。

その社長はそのとき、何を聞いていいのか分からなかったそうです。どこが問題なのか、どこをどう聞けばよいのかも分からない、こういう実態もあるのです。

今でこそ社長は笑いながらお話してくれましたが、この話を聞いていると、「我々税理士事務所は社長の気持ちになって説明させていただくことが大切なんだな」とますます実感しました。

相手の顔を見ながら、「分かりにくいな」という顔をしていたら、レベルダウンして分かりやすい言葉で説明し、「なるほど」と社長が行動したら、その行動した部分にマーカーで印を付けていただいたり、

社長自身に書いていただくのです。

　また、前の税理士は決算対策として、「利益が3,000万円、出そうなので、1,000万円の掛け捨て保険に入りましょう」といった指導をされていたようですが、そういうことは決してしてはいけません。

　私の事務所では、逆に「必要のない保険はやめましょう」という提案をしましたが、こうした判断も必要になってきます。

　社長は「『どこが分からないか』が、分からない」ということを我々が認識し、お話している最中に、(社長が)知っていることなのか、分からないことなのか、表情に出てきますから、我々会計のプロは、社長の顔色で分かるようにならなければなりません。

　プライドの高い社長も中にはいらっしゃいますので、そのプライドを傷つけないように説明することが大切です。そうすることで、税理士事務所が勝手に作った試算表ではなく、社長自身の試算表へと変わります。

　これこそまさに、税理士事務所の本領を発揮できる絶好のチャンスと言えるのです。

6 月次試算表の具体的説明方法 Ⅰ

1. 貸借対照表【資料4】(84頁)
(1) 前提をきちんと説明する
　貸借対照表は会社の全体を表しています。資産と負債・資本の全体、森と木で言いますと、まず全体の森を見ます。
　具体的には、「資産合計と負債・資本の合計」、全体を見ていくことが第一のポイントになります。次に損益を見ていくのですが、当期利益が「資本の部」に出ます。そういうときも「利益の増加により、資産の増減や、負債の増減があります」というように、このあたりをきちんと説明できるかどうかが大切になってきます。
　具体的な説明の仕方として、「まず見ていただくのは、損益計算書【資料5】(85頁)の右側の真ん中にある228万4,779円です。これは9月単月の利益を示し、貸借対照表で資産がどう動いたか、負債がどう動いたかということを表しています」と最初にお話ししておきます。

(2) 貸借対照表と損益計算書の関係
　その上で、第一に、「資本合計である前月の残高について貸借対照表上で見ると【資料4】、1億7,981万13円あります。そして9月末当月の残高が、1億8,143万1,422円です。この差額は、1億8,143万1,422円－前月残1億7,981万13円で、差額が162万1,409円となります。つまり、資産が162万1,409円増えた、ということになります」と説明できます。
　二番目は、「次に負債を見てみます。負債の全残高は、1億2,019万197円です。当月の残高は右側にある1億1,952万6,827円となりますので、引き算してみると66万3,307円の利益が出ました。ここ

で先ほどの資産増加分162万1,409円と利益分66万3,307円を足しますと、228万4,779円となります」と説明していくことになります。
　ここで損益計算書を見ると、当期利益と一致するわけです。逆に赤字になると、負債が増えたり資産が減ったりということがあります。また、資産の増加と負債の増加、資産が増えて負債が減った、というようなさまざまなパターンがあります。そのときになって、社長さんは「貸借対照表と損益計算書はつながっている」ということが分かるのです。
　我々は知っていることですが、このような細かな説明までしてあげることにより、社長はより理解しやすくなります。
　説明の仕方として、「貸借対照表の資産の部は、資金の運用形態を示しています。逆に負債であれば、資金をどこから持ってきたのか、どこから調達してきたのかを示しています」という説明をしてあげることで、分かりやすくなります。

(3) 売掛金の回収
　次に売掛金ですが、これについてもさまざまな科目のポイントがあります。売掛金は、1か月前の売掛金、2か月前の売掛金、半年前というように売掛金の年齢表を作成してみます。「通常は翌月に入ってくるものが正常であって、2か月後、3か月後以降になると、次第に不良債権になってきます。半年前、ましてや1年前の売掛金は、ほとんど取れない、ということです」というように、このような見方について、我々税理士事務所が説明し、経理担当者、あるいは営業マンに、「どう回収するか」をお話していただければよいと思います。
　売掛け回収の4原則として、
　① 取れる相手に売れ。相手の支払能力をきちんと判断する。
　② 取れるように売れ。いつ入金してくるのかを約束してから売る。
　③ 取れる時に売れ。回収を習慣化する。

④　取れる気になれ。営業マンは、回収して初めてその仕事が終わる。ということです。科目1つとってもさまざま話題提供がでてきますので、そういう話もしてあげればよいと思います。

　また、【資料4】の在庫（たな卸資産）は318万3,414円分となっていて、かなり多いと言えます。このように在庫が膨らんでいる会社がありますが、「在庫」という概念は外していただきたいのです。

　在庫は「倉庫ではなく金庫であって、お金そのものが寝ているのですよ」と教えてあげないと、ついつい安い時に買ってしまい、結果として在庫として抱えてしまっているケースがあります。そこで、我々税理士事務所が在庫の意味から説明していく必要があります。

(4) 借入れの判断の前にすべき6つのこと

　次は負債の部を見ていきます。資金繰りが悪くなってきますと、我々税理士事務所はすぐに「銀行借入れをしましょう」と言ってしまったり、（借入れの）申込みのお手伝いをしてしまいがちです。

　しかし、銀行借入れは"最後の最後の"手段であり、借入れの前には、やることが沢山あります。

①　売掛金の徹底回収をする。
②　在庫を減らし、圧縮する努力をする。
③　前受金（手付金）をいただく。
④　支払い方法（買掛金、未払金の支払い）の変更をする。
⑤　手形をもらっているのであれば、割引手形の実施をする。
⑥　政府系の制度融資、長期の安定資金を活用する。

　それでも足りなかった場合に初めて、銀行から借ります。

　今はどちらかというと、すぐ「借りましょう」と言ってしまう方が多いと思います。そうではなく、試算表で説明をし、上記のことをまずは全部やってみることが必要になってきます。

2．損益計算書【資料5】(85頁)

　損益計算書は、まずは全体を知り、次に科目をとらえていただくことが大切です。そして、粗利（売上原価）がどれくらいか、ということに着目する必要があります。

　利益という言葉がたくさん出てきますが、それについても、次のように順番に説明していくことが大切です。

　「売上総利益というのがあります。これは粗利益になります。また、販売費、一般管理費の次に、営業利益があります。次に、営業外損益が出てきまして、その次に経常利益、という利益もあります。続いて、税引後当期利益、最後に当期未処分利益があります。今回のケース以外にも、例えば固定資産売却損とか売却益などが出ている場合もありますし、特別損失の部分が出てきた場合は、それを引き、税引前当期利益が出ます」

　つまり、言葉の意味を全部詳しく説明する、ということです。そして「当月の利益はどれですか？」という場合には「損益計算書の真ん中にあります左側の借方、右側の貸方の差額が一番下に出てきます。累計の利益は右側となりますので、228万4,779円が当月の利益となります」と言葉で説明しながら、損益計算書を一緒に見ていきます。

　次に、減価償却費についてですが、減価償却を月々の概算には載せず、決算段階で償却費用を計上する税理士事務所もあるようですが、そうではなく、月割りの概算計上を月毎にしておくことが必要になります。各種の引当金の計上がされているかどうか、ということになると、減価償却の引き当てをしているかどうか、夏と冬に出る賞与を月々に賞与引当金という形で引き当てられているかどうか、などについて試算表の中で表示してあげます。

　そうすることによって試算表の当期利益が、イコール課税所得、税金がかかる分だと理解できますので、税務上決算調整されるもの、例

えば在庫の増減に関しては、年に1回しか計上していない会社が多いですが、定義さえきちんとお客さまに理解していただければ、最低限6か月で計上、あるいは3か月に1回で計上するのがよいかと思います。実地のたな卸を毎月やるのは大変ですので、「今月少し多くなったな、減ったな」という概算でチェックしておくことも大切になります。

　さらに社長の頭の中にあるものを数字に置き換えていただき、その数字を常に利益にプラスマイナスし、「今の所得はこれぐらいです」ということや、減価償却費などを常に意識することなど、さまざまなことが試算表でアドバイスできます。

　こうした点からも税理士事務所側から、「どのようにして情報を提供していくか」「どのように数字を理解していただくか」ということを、事務所内部で重点的に研修していくのがよいでしょう。

3．貸借対照表2期比較構成図【資料6】(86頁)

　貸借対照表2期比較構成図は、各資産項目について前期比較している図です。1年前と比べて、どの項目に変化があったかが目で見てすぐ分かりますので、それぞれの言葉の説明もしながら、現状を説明していきます。

4．損益計算書2期比較構成図【資料7】(87頁)

　損益計算書2期比較構成図では、売上げの増減を数字やグラフで見ていくことができます。

　その中では、人件費などの経費に関しても原因分析ができます。税理士事務所としては、社長と一緒に数字を見ていき、社長にも一緒になって参加していただくことにより、社長自身にもよい点、悪い点に気付いていただきます。それが、具体的な行動にうつせるということにもつながります。

以上のようなことを税理士事務所がどのように社長に提供していくかが、大変重要なポイントです。

　数字だけではなく、数字の裏に隠されているもの、数字だけでは読み取れないものを聞けるわけですから、「今月はどうして売上げが下がったのですか？」「どんな理由があるのですか？」などの質問を社長にすることにより、「特別なセールがあったから売上げが増えました」などと、社長は自分の会社の状況を認識することができるのですから、「セールだから赤字覚悟で売った」という原因も分かります。

5．売上高の推移【資料8】(88頁)

　売上高の推移は、いわゆる売上げの推移が見られる図です。こちらの図も、やはり今月よかった点、悪かった点を社長とお話する時に、何百万と差が出ている月は「そういえば、こういうことがあったな」と社長に気付いていただくことができれば、よいと思います。

　やはり社長や経営者の方には結果をグラフ化し、"目で見る"経営分析ということで提供していく必要があります。グラフはなるべく分かりやすく視覚化し、月次の比較を目で分かるようにすることが重要なポイントです。

　加えて、図で原因分析できることにより、昨年の3月の売上げはよかったが、今年は悪かったという場合、「3月に特殊事情はありませんでしたか？」と質問できます。質問を重ねていくことにより、さまざまな情報が社長自身から出てきますので、そこをきちんと見ていただければと思います。

6．損益分岐点分析図表【資料9】(89頁)

　損益分岐点分析図表では、前期比較により「資金繰りはどうなのか？」「借入金の返済状況は？」などを見ていくことができます。過去

を振り返り現在位置をきちんと確認する、ということです。

7．月次データ発送文書【資料1】(81頁)

　表紙である月次データ発送文書には、A4用紙1枚に私の税理士事務所の考え方や、想いを込めています。

　これはどういうことかと言いますと、まず文書左上にカモメが悠々と飛んでいるイラストがあります。そこに「捨てるもよし、考えるもよし、綴じるもよし」という3つの言葉を入れています。何かを社長に気付いていただきたい趣旨ですが、確かに捨ててしまう社長もいます。考えていただく社長もいます。過去からずっと保存していただいている社長もいらっしゃいます。

　データを発送する時、試算表をきちんと見ていただきたいものですから、毎月さまざまな私自身が気付いたこと、あるいは勉強させていただいたことを書き、情報発信します。例えばサンプルの9月ですと、「成功する人33の鉄則〜成功した人生を送るために〜」ということで、社長に考える材料を提供しています。「自分の仕事を面白いと思えるか」についてさまざまなことを書き、想いを伝えていきます。

　こちらの資料でも、右上には、記帳担当者がいつ処理し、監査担当者、課長のチェック、所長の決済が入ったということを、押印にて示し、税理士事務所の責任の所在をきちんとしておくことが必要です。

　加えて左下には、月次データ進捗状況表という表があります。これも決算をいかに意識していただくか、という理由で載せています。「決算まであと何か月です」というように、オリンピック方式で済み印をついていく。

　そうすると社長は、あと2か月で決算対策をやらなくては、というように見ていただけるので、社長に気付いてもらえる、ということになります。

また、経営者にはさまざまな方がいますので、たまたま今月の文章を読んで、こんなことを感じたということや、監査担当者が訪問した際に、「データ発送した文章の中身は読んでいただけましたでしょうか？私はこう感じたのですが、社長はいかがですか？」との日々の会話のきっかけにもなっているのではないかと思います。

　やはり社長に気付いてもらうこと、気付いてもらうだけではなく、どう動けるか、どのように行動していくか、ということを考えることも必要なことですので、社長には会社の置かれた現在の状況をきちんと知っていただくようにしています。

　これらは、税理士事務所側の情報提供の仕方にかかってくることでもあります。

8. 決算対策試案【資料10】(90頁)

　一般的に一番税理士事務所にクレームがあるのが、決算前の相談や、あるいは提案がなかった、ということです。逆に言えば、決算前に社長と一緒になって予測することが重要になってきます。

　以前、私が税理士事務所に勤務していた時は、事務所の罫紙に説明を書いて、社長に内容を理解していただいていました。その罫紙をうっかり持って帰って来てしまい、社長の手元に何も残してこなかったことがありました。その後、決算を組んだ際に、「こんなに利益が出るの？」と言われたことがあるのです。

　しかしその数字は、確かに社長が予測したとおりの数字だったのです。
　このようなことが起きないよう、【資料10】の決算対策試案のような形で文章にして残すなどしましょう。罫紙に書いたとすれば、それをコピーして置いてくる、あるいはカーボン式の複写にして必ずお互いが持っているようにすることがポイントです。

　社長は忙しいので、こちら側の指摘事項について「何か月前に言っ

た」と言っても、なかなか覚えていらっしゃらない方が多いものです。そこで、税理士事務所がどのように文章で提供するのか、いかに証拠を残すか、ということが大切になります。

例えば利益が出ていて、今までしたいと思っていたけれども福利厚生ができていなかった場合、社長であれば「社員にこういうことをしてあげたい」という要望も出てくると思います。また、その他の見直しもできるようになります。現状では目先の仕事ばかりをやっていると、そういった社長の気持ちに気付かない場合があります。そこで、「決算対策の話は、事務所全体で誰が担当しても渡してくる」という明瞭なルールを作ってしまうことで、社長の方から「経費項目の何番はどういう意味ですか?」「設備投資の何番はどうすればよいですか?」などと、自然に質問が出てくるようになります。

このようなことを続けていくうちに、社長が「うちの税理士事務所はいろんな提案をしてくれる」という認識に変わってくるはずです。

情報提供の仕方は、税理士事務所ごとに違っていいものです。決算対策の時にこそ、我々税理士事務所が「事前の決算対策をどのようにしていくのか」ということを提案することにより、税理士事務所の本領発揮ができるのではないでしょうか。事前の決算対策こそ、税理士事務所の存在意義、存在価値につながると思います。

今後は、特色を持った税理士事務所でなければ、生き残れないでしょうし、成長も発展もすることもできないのではないでしょうか。

例えば、試算表に表紙を付けてお渡しする際は、綴りやすいように穴を開けておき、12か月分の月次試算表を綴るバインダーも一緒にお渡しします。決算が終わったら、そこでまた新年度の月次試算表を綴るバインダーをまたお渡しします。

ロゴマークにもこだわりがありますので、お渡しするもの全部に付けてお渡しすると、同じものが顧問先の会社の中でキレイに並びます

ので、全体のイメージとしてもよくなります。ある社長の話では、他の社長が訪問した時に、よく「なんていう税理士事務所？　うわー、すごいね」とお話してくれるそうです。そういう意味でも、その税理士事務所のイメージアップにもつながるのではないでしょうか。

そして最後に、やはり税務会計というのは法律業務となりますので、いかに文章で残すか、証拠を残すか、ということが必要になってきます。

万が一の時に法的な防衛手段となりますので、月次監査をしながら社長と会話した内容、約束した内容、あるいは宿題の内容をきちんと書いておき、証拠として残しておきます。その点からしますと、日付と時間が入るファックスも重要な手段となります。いざという時にとっておくと、言った、言わない、やった、やらないを防ぐことができます。

そこまで事務所の体制をしっかりと作っておけば、今以上によりよい税理士事務所ができるのではないかと思います。

我々税理士事務所として、試算表をいかにお客さま目線で見ていくか、そしてお客さまの目線でいかに動いていただけるか、ということまでを説明でるようになってくると、素晴らしい試算表の説明の仕方になってきます。

9．適正な利益とは

適正な利益を知るには、全国の法人の黒字と赤字の割合を知ることが必要です。

現在、全国の法人は約270万社と言われていますが、この中における黒字の割合、赤字の割合のデータがあります。全体の約7割が赤字で、残りの約3割が黒字の会社です。赤字会社には、本当に赤字の会社と、役員報酬を目いっぱい取って意図的に赤字の会社もありますが、今の厳しい経済環境の中では、どうしても利益を取れない、という会

社がほとんどだと思います。
　だから、社長に自分の会社は黒字の会社なのか、赤字の会社なのかをきちんと認識していただくことが必要になりますし、赤字の会社には究極の対策があります。赤字をこれ以上増やさない方法としては、今すぐ「会社を閉める」ことです。
　ですが、「閉めることにより、これ以上の赤字は増えません」とダイレクトにお話をしてしまうと、社長は怒りだします。
　そこで我々税理士事務所が言うのは、「では、赤字から脱却しましょう。黒字の会社にしていきましょう」とお話することです。
　一般的に黒字企業は、全体の3割しかありません。これは全業種平均です。「黒字企業の社員1人あたりの1年間の平均利益は、約70万円です。優良企業と言われる会社の社員1人あたりの平均利益は、約200万円になります。そしてその中間の準優良企業は約100万円です」という話をします。
　また、「社員数が仮に10名とした時に、社員10名×黒字企業の平均70万円で、700万円出れば黒字の企業の平均の世間並みになります。社員10名×100万円で1,000万円出すと、準優良企業の世間並みになり、2,000万円出せると、優良企業の仲間入りができます」というお話をしていきます。
　そこで今の決算書や試算表を見て、「当社はどうなのか？」という現状認識となります。
　1つ具体例を挙げますと、何年か前のある3月決算法人の会社では、決算数値50万円の利益が出ていたのですが、決算を固める時に、「50万円利益が出ていますが、これでよろしいですか？」と監査担当者がお話しました。そうしたら、決算の打合せの時に、「いやいや、ちょっと待って。領収書の出し忘れが、あと30万円ぐらいある」ということでした。これを計上しますと、50万円－30万円ですから、残りは

20万円の利益になります。

　この時に、先ほどの業界平均の話をして、節税対策を勘違いしているのではないか、とお話させていただきました。そもそも「利益が出れば税金を取られる」という"被害者意識"を持っているので、50万円を20万円にしたいと思い、30万円の領収書を出してきたわけです。

　この段階では、「税金が取られる＝税金を払いたくない」という意識が働いています。この時、監査担当者は、「会社とは公のものであり、公器ですよ」とお話したのです。そして、「社会貢献をして発展していくことが大切です」ともお話しました。

　次に、「今、社長がしようとしていることは、50万円の利益を20万円に下げようとしていることです。AさんBさんCさんという人間が1年間、朝から晩まで一生懸命頑張って仕事をしたのに、社員10人の人数で利益を割ると、1人たったの2万円の利益しかありませんよ」という話をしました。

　そこで社長は「なるほど」と気付いてくれました。

　「10名の会社で、1人2万円の利益とは寂しい限りです。業界平均で約70万円出ています。世間並みになるのでしたら、社長のところは700万円の利益が出ないとおかしいですよね」とお話したところで、今までの社長の意識がすべて変わりました。

　社長の意識が変わったことにより、30万円の経費はないこととし、50万円の利益となりました。50万円であっても、まだ1人たったの5万円の利益しかありませんから、まだまだではありますが、「50万円も」と言っていた社長が、「今回は50万円しか利益が出なかったが、ついては来期、1人あたり70万円にしたい」と思うようになりました。そして、「まずは1人50万円の利益設定にしたいので、50万円×10名で500万円の利益を出していきたいです」と新たな目標設定をしてくれたのです。

意識改革のおかげで、次の年は500万円強という利益を出すことができました。そうすると、確かに納税で半分は出ていきますが、残りの半分は会社の中に残ります。それで会社の資金繰りがよくなります。その時点でまた再認識していただき、「来期はせめて黒字平均の70万円にしたい」ということで、700万円の利益設定にしていただきました。その後、720万円ほど利益が出るまで頑張っていただき、また新たな目標設定をしていく、という成長発展企業へ変身できたというわけです。

　現在、社員は12名になり、「今期は準優良企業の100万円を目指したい」ということで、12名×100万円で、1,200万円の目標を設定して頑張っていらっしゃいます。

　このような例もありますので、税金だけの見方ではなく、銀行借入れの返済しかり、あるいは黒字平均しかり、ということの情報提供もきちんとされると、社長の認識もがらりと変わってくるものです。

7 月次試算表の具体的説明方法 Ⅱ

1．利益は誰のもの

　利益はおかげさまの心であり、社会からの贈り物です。だからこそ御利益(ごりやく)です。それが、社長のものであれば税金を「取られる」という意識になってしまいます。

　このあたりの意識改革をしていかなくてはならないという点については、前項でお話したとおりです。

2．利益の行方は

　さて、この「利益」というのは、一方では銀行借入金の返済財源になってきます。

　銀行への返済財源としてみると、

$$[今期の税引後利益＋減価償却費]÷12か月$$

これが銀行借り入れの元金の返済能力となります。

　以下、設備投資や減価償却も考慮して借入金の返済能力について、2つの事例からその内容を見ていきましょう。

〈事例研究1〉
　利益が100万円ある会社の新規借り入れはいくら可能かといいますと、
　利益（100万）＋減価償却費（500万）＝600万円
　年間返済財源600万÷12か月＝月額50万円
となります。
　仮に現在月々20万円の元金を返済していますと、50万円返せる利益が出たので差額30万円の返済能力が出てきました。ここで新規の借り入れをこれから5年間、60回で返したいとしますと、月額30万円の返済能力が増えたので、月額30万円×5年間×12か月＝1,800万円の借り入れを申し込んでも、すぐに借りられる会社、という判断ができます。特に銀行の支店長は、決算書で当期の利益と償却費をチェックしています。個人事業の場合であれば、減価償却は強制的にしなくてはなりませんが、法人の場合であれば、減価償却は任意となりますので、今期減価償却をするかしないかを選択できます。
　ですが、減価償却を行わないでなんとか利益を出している会社の場合、利益＋償却費÷12か月＝償却費0となりますので、例えば利益を100万円出している会社でも、100万円＋償却費0＝100万円÷12か月ですから、ほとんど返済能力がありません。仮に今20万円払っているとすれば、今借りている20万円も苦しいわけですから、「このような見方もされるのです」という話も社長に説明し、ご理解いただくというのも必要になるかと思います。

〈事例研究2〉

「目標利益はどのように設定するか」といいますと、一般的には、損益計算書に記載がある順番通り、売上高、仕入れ原価粗利、販売一般管理費までチェックし、目標利益を設定します。

しかしそうではなく逆の発想、つまり、目標利益は下から積み上げ方式で作成することが必要です。

① 目標利益はいくら欲しいのか予測すること
② 固定費、例えば人件費のアップや経費のアップがどのくらい見込めるのかを上乗せすること
③ 必要な売上げにいくまでに仕入れと売上げの利益率を計算し、売上げで割り返した目標の売上高を設定すること

このように、目標利益を設定していきます。目標利益というのは、今の返済能力にプラスし、新年度はさまざまな設備投資のための借入金が発生してきます。

そうしますと、新たな元金の返済が出てきますので、返済金をどのように見積もっていくか、ということもあわせて目標利益が設定され、目標売上高が出てきます。

8 月次試算表の具体的説明方法 Ⅲ

　一般的に業界平均、業界情報で比較をしていきますが、業界平均の話を簡単にしましょう。
　業界の常識は補足的な資料としては必要ですが、一番の比較対象は過去の自分の会社となります。時系列で見ていくと、「どのような成長があった」「売上げ構成が変わってきた」「販売戦略が変わった」「営業戦略が変わった」ということにより、利益率も変わってくるかもしれませんので、自分の会社の過去との比較を徹底していくのが重要になるかと思います。
　この項ではさまざまな段階にあるお客さまに対して、我々税理士事務所はどのように説明していくか、ということを説明していきます。

1．第一段階【初歩的な段階の説明話法】

　例えば、初めて会社を立ち上げ、経理にも明るくない社長や、経理担当者も右側・左側の借方貸方が分からないような場合、専門用語は一切使いません。特に簿記のルールである、「借方」「貸方」という言葉は使わず、「左側」と「右側」という言い方で会話をしていきます。
　そして、貸借対照表や損益計算書はどのようなものか、という概略をきちんと理解していただくための説明をしていきます。
　また専門用語を使うのであれば、専門用語の言葉の定義もきちんと説明し、理解していただかなくてはなりません。ゼロからのスタートは、最初の新規指導が肝心です。会社が立ち上がった時は、経理や内部体制用のチェックリストを作り、一緒にお客さまの成長をチェックしていきます。第一段階は、「鉄は熱いうちに打て！」ということです。

一生懸命徹底して指導します。

　私の事務所でもそうですが、新規指導報告書を作り、お客さまに領収書の貼り方から指導していきます。早い会社で5～6回、なかなかうまくいかない会社でも、20回弱くらいかかりますが、指導を徹底することで、次が飛躍的に伸びることがあります。そこをおろそかにせず、きちんと指導することにより、結果として会社も伸び、税理士事務所も手間暇がかからなくなるのではないかと思います。

2．第二段階【中程度の段階の説明話法】

　借方貸方の定義を相手も理解しているとすれば、第二段階では、もう借方と貸方の会話をしてよくなります。

　次の段階として、貸借対照表、損益計算書の見方を全体とのつながりで説明していきます。例えば損益計算書の当期利益は、貸借対照表であれば、資産の増減、負債の増減の差額により、自動的に利益の数字も導かれます。もう1つは、複式簿記ですから、必ず原因と結果が現れている、という話もこの段階でしていきます。

　第二段階は、「森全体を見ながら、1本1本の木を説明していく」ということです。

3．第三段階【専門的段階の説明話法】

　第三段階では、コード番号でお話していきます。

　そして、貸借対照表、損益計算書の見方を徹底し、個別の事例で説明していきます。例えば在庫の場合、一般的に物を大切にしませんので、「社長、財布から1万円札を出してください。その1万円を捨てられますか？」と質問すると、その勘どころがピンと来るはずです。

　そのような質問をした上で、「倉庫と書いてもダメですよ」という話をし、「金庫である」と認識を書き換えてもらいます。お金そのも

のが寝ているということや、在庫の圧縮、あるいは在庫の回転率をよくする話をこの段階でしていきます。

ここまで第一段階から第三段階まで説明しましたが、事務所でお客さまの電話を聞いていますと、どの段階のお客さまと話をしているかが分かるようになってきます。

いかにお客さまに「なるほどと思われる情報」として伝えていけるか、これが我々税理士事務所の仕事だと思います。

それでは次の4.以降で、具体的なお話をさせていただきます。

4．ある歯科医院の先生からの質問事例

盛岡市の歯科医師会で、首都圏から公認会計士のコンサルティングの方をお呼びした勉強会がありました。

その講演が終わった後、ある歯科医師が私の事務所に相談に来ました。講演の中では、設備投資や人件費比率についてのお話が出たそうです。そこで、「人件費比率20％以上は危ないよ、と言われましたが、うちの歯科医院はどうなのか知りたい」という相談でした。この先生の歯科医院は、人件費比率約29％という結果でしたが、「勉強会でそのコンサルタントが事例として上げた売上げは、どれくらいか、という話をしていましたか？」と聞くと、そこは先生が忘れてしまったのか、聞いていなかったため、分かりませんでした。

人件費比率の20％という数字だけで、「うちはそれを超えているから危ないのではないか」という相談だったのですが、やはりこういう時も一般的な比率ではなく、医師のところの売上げに対する比率についてお話をさせていただきます。

先生のお話をよく聞いていくと、コンサルタントの方がお話したのは、歯科技工士の方が内部にいないので、外注している事例でした。そうなると人件費比率は低いわけです。その代わり外注費の比率は高

くなってきます。

　相談にいらした先生には、「医院の中に歯科技工士さんがいますので、どうしても人件費比率は高くなります。その代わり、外注費の比率は下がっています」とお話し、納得していただいたのですが、やはり一般的な人件費比率だけで説明してはいけません。そこで目安になるのが、自分の医院での比較分析、過去との比較、これからの予測です。

　私の事務所には、医科が20件、歯科が40件ぐらいの計60件ぐらいの医療関係のデータがあります。そのデータを集計し、まとめたものを3月の確定申告が終わった後、歯科医院の実態分析資料をお渡ししています。さまざまなデータから給与の実態報告書や、あるいは診療報酬の実態報告を作って、どこの医院かは分からないように加工したものです。

　その資料をもとに、「先生の医院はこの位置だ」という部分にマーカーで表示し、自分の医院はどこに位置しているのか、についてお話させていただきました。

　そして決算対策に関しても、我々税理士事務所の主導ではなく、社長の数字をもとにして予測し、そこに専門家としてのアドバイスを求められた場合に、お話していきます。

　こちらが勝手に利益の数字を出すのではなく、実績に積み上げて、「社長の考え方を数字にしたらこのような数字になります」とお話していくことが必要です。

　また、私が以前、勤務している頃の昔の話になりますが、決算対策の話を社長にしていましたが、社長がその提案をすっかり忘れていたことがありました。

　5月決算の会社で、7月の時点で「お話ししていたとおり、1,000万円の利益が出ました」と言ったところ、「こんなに利益が出るなら、もっと早く言え」と叱られました。それ以来、提案したことは文章に残す

ことを徹底しています。言った、言わないという時に、ファックス1枚流して、原本を保管しておけば、「何月何日にファックス送りました」と言えます。

　中小企業を取り巻く環境は厳しく、会社の経営も難しいものがあり、経営者の権利者意識も出てくることから、我々税理士事務所がもし仮に訴えられた場合をも想定した上で、法的な防衛がきちんとできているかどうかの対策も必要になってきます。

　そのような事態も踏まえ、決算対策を積極的に提案していくことが肝要です。さまざまな提案をする中で、社長は聞いてはいるのだけど、忙しい中で聞き逃している部分もあります。

　ところが、あと1か月、2か月の段階になりますと、社長も決算に対する数字を意識するようになります。

　「決算対策試案の何番で」という話をしますと、「それはどうすればいいのか」と、社長から聞いてくる状態になっていますので、そこで、具体的な話をしていきます。逆に、「こうしたらダメです」というお話もしていきます。

　1つ例を挙げますと、「慰安旅行をする場合、5月に旅行代理店にお金を払ったらOKなのか？」という質問がありました。そこで、「5月に旅行代理店にお金払っても、5月の31日までに行って帰ってきて、旅行を実施完了しなければダメです」とお話しました。

　しかし、「5月中は忙しいので、6月末に旅行に行こうと思っています。だから、社員全員分の旅行費用を5月中に全部払ったら、経費になるのでは？」と聞き返されました。

　そこでまた、「決算対策試案の2番にありますが、期末までに旅行を実施し完了しなければ、今期の経費になりません。仮に5月に支払い、6月に旅行に行くのであれば、前払い費用となります」とお話しました。そういう会話の積み重ねにより、具体的なコミュニケーションも取れま

すし、社長にもきちんと認識されるかと思います。

2つ目の例として、3月決算で結構利益の出た、医療法人の大きな病院の例です。1月の段階で、2月、3月の予測をしたら、思った以上に利益が出るということで、看護師とスタッフの制服を購入しました。しかし、3月の29日と、30日の納品書できていました。確かに、4月1日から衣替えで、春用に購入しましたが、スタッフに渡されたのは4月2日からでした。

税務署も、3月の29日、30日に納品された制服がいつスタッフに渡されたのか、というチェックをします。調査では、「3月中に渡した」ということでしたが、たまたま調査官がトイレ行くために廊下に出た時に、「白衣やナースシューズはいつ支給されたのですか?」と看護師に聞いたらしいのです。「4月2日です」と答えられたので、結局前払い費用となり、貯蔵品として試算された例があります。

こうしたよくない例の情報も我々税理士事務所には入ってきますので、「こういう場合はだめになりますよ」と逆の提案もできると思います。

そして、今期は利益が出そうだといった場合は、「過度の節税はいけません。節税した分だけ資金が出て行ってしまうので、後で苦しくなってしまいます。そうではなく、普段できないことをしましょう」という提案ができます。

ほかにも、営業が結構走り回るような会社では、途中で交通事故に遭ったり、もらい事故で亡くなったりする場合もあります。そういう場合に備え、損害保険や生命保険の制度もきちんとお話した上で、選択していただきます。

さらに、「修繕費か資本的支出か」というところも、壁の塗り替えなのか、あるいは壊わして作り替えるのか、1つの基準を持っていただいて判断することが大切です。仮に30万円以上を超えたら、修繕前と修繕後の写真を撮っておきます。

例えば、壁の塗り替え、張り替え、床の塗り替え、張り替えであれば、現状の日付の入った写真を撮り、今度は修繕後についても、日付の入った写真を撮っておきます。

明らかに汚れた部分を張り替えただけであれば、堂々と修繕費として計上します。写真も月次の試算表の中で資料として控えておきますと、何百万円という修繕費が税務調査で指摘された時に、業者の見積もりや内訳の資料の他に、写真がたった2枚あるだけでも証拠となります。税務調査で誤解されないような証拠作りをしてあげることが大切となります。

決算対策試案では黒字の企業であっても、赤字の企業であっても、きちんと対策してあげること、あるいは、大きい会社、小さい会社に関係なく、すべての会社に対して決算対策をするということなど、ルール作りをしておかなければならないと思います。

5. 税理士事務所の存在意義と存在価値

(1) 経営者のよき相談相手になること

よろず相談でもなんでも結構です。

ただし、自分が分からないことは他の業種からもさまざまな情報を取り、教えて差しあげる、あるいはそういった方とコンタクトを取ってあげることが、税理士事務所の役割です。

(2) 経営者のよき社外ブレインになること

経営者はさまざまな方に相談したいのですが、会社の数字が絡むことですので、なかなかよその方に相談できません。頼れる相談相手は、税理士、公認会計士となるわけですから、聞き役に徹し、よき社外ブレインになるということです。

(3) 経営者の気付きのために情報提供や発信を行うこと

情報というのは、社長自身が単なる一般的な情報で受け取るのではなく、「なるほど。うちはこうすればできるのだな」という段階にまで具体的に落とし込んであげることが大切です。経営者に情報発信したり、相談を受けたり、お話することによって、経営者にさまざまな気付きを与えて続けていき、その結果として税理士事務所が成長できるのではないかと思います。

お客さまのレベルに応じた会話の仕方もありますし、何を求めているか、あるいはどのようなものを提供すればよいか、すべてをきちんとやることにより、よい税理士事務所ができるのではないでしょうか。

〈選ばれる税理士事務所のポイント〉

- 税理士事務所は情報発信基地として、経営者に気付きを与えましょう。
- 税理士事務所の成長発展が、お客さまの成長発展の源になります。
- 税理士事務所の所長先生が元気で、社員が元気だと、会社の経営者も元気になります。

幸福の実現とは、「今をどう生きるか」にあります。

私自身の考え方なのですけれども、一期一会はとても大切にしたいですし、今、生かされていることにも感謝して生きていきたいと思っています。

独立したばかりのころは… 失敗談や成功談

　コラム①でも書きましたが、私は昭和63年4月、6年間の勤務税理士を経て独立しました。

　独立前、つまり昭和50年代後半は、コンピュータが出回り初めたころです。60年代に入るとハードもソフトもだいぶ登場していましたが、勤務していたころは、帳簿はすべて手書きです。独立してからの帳簿付けは、手書きでもパソコンでもよかったのですが、どちらにしても1つ困ったことがありました。「チェックしてくれる人がいない！」。

　勤務時代には、所長がいて上司がいて、つまり仲間がいた。ところが独立後は1人です。女性事務員は1人いましたが、税理士ではありません。いったん手書きして、それをE社のパソコンに打ち込んでいましたが、しばらくの間は「独立しなきゃよかったなー」なんて思ってました（笑）。数字を間違えるなんてことがあれば、税理士としてはアウト。勤務時代は見てくれる人がいた。だけど、これからは全部自分でやらなくちゃいけない。それが、ものすごく不安でした。

　でも、3か月ぐらいが過ぎると「いや、そうじゃない」と思えるようになりました。

　「私は、この仕事が好きで、やりたいと思ったから独立したんだ。いつまでも甘えていちゃいけない！」…そう。不安は「甘え」だったのです。そう考えて吹っ切ることができました。

　E社と平行してTKC社のソフトも使っていました。TKCの場合、例えば入力に間違いがあるとエラー表示が出ます。計算が合わない、入力箇所が違うなど、間違いを教えてくれる。全国の税理士・会計士が使うソフトでもあります。これにエラーなしで入力できるとすごく安心。助けられましたし、吹っ切れました。「大丈夫。やるしかない」って。

　もう1つ、不安というか、しんどかったのは、お客さまから受けた相談

ベテラン税理士のよもやまコラム②

　について、すぐ返事をお出ししなければならないこと。それが馴れるまではちょっと大変でした。勤務している立場だと、お客さまから相談を受けたりしたとき「はい。じゃあ事務所に帰って上司と相談します」と言えますが、独立すると、それが言えない。最終責任者は自分自身です。相談はできません。即答が求められます。

　でも、「先日の楢山さんのアドバイス、すごく役に立ったよ」と言われると、これはもうものすごく嬉しかった。誰でもない、私のお手柄（笑）。

　独立は、ある意味チャレンジかもしれません。でも、それが無謀なものにならないよう、私は勤務時代に、独立後を見据えてお客さまも獲得していました。これは当時の所長（私は「親分」と隠れて呼んでいました）のアドバイスでもありました。

　「何年で独立したい？　3年？　いや5年いなさい。そして自分でお客さまをどんどん開拓していきなさい」

そうして私は、土曜日の午後とか日曜祝日、あるいは平日の夜、親戚や友人の"つて"を頼って新しいお客さまを見つけていきました。新しいお客さまは当時の事務所で引き受け、私が担当し、決算のサインは所長。そして独立したとき、私が引き継がせていただきました。所長がお客さまに説明してくださったのです。「楢山に付いていってくれますか？選ぶのはお任せします」と。そして50軒開拓したうち、大きいところ2軒は奉公させていただいたお礼にと前の事務所に置いてきて、48軒のお客さまを受け継いで独立しました。
　私は、今でも最初の100軒目ぐらいまでのお客さまと、初めてお会いしたときのこと、契約を交わした日のことを鮮明に覚えています。涙が出るほど嬉しかったことも覚えています。
　電話番号も全部頭の中に入っていました。今なら全部携帯電話が覚えてくれるので、自分の奥さんの携帯番号もうろおぼえ（笑）。
　当時の所長は、私が開拓した分について、半分はお給金に載せてくださいました。それが独立の資金ともなり、なんとか独立開業することができました。
　所長の配慮も嬉しかったけれど、親戚や友だちって、やっぱりいいですね（笑）。そのまた紹介でお会いできたお客さまもいます。そしてまた紹介をいただき…。
　誰でも新人時代はあります。でも、チャレンジは忘れちゃいけない。私がウチのスタッフたちに「まずはやってみようよ」って言えるのも、自分自身の経験に引き当てられるから、です。
　経験に勝る財産はありません。お金よりも大切な宝物です。

第3部

事務所メンバーの創造力を発揮させる！

1 お客さまとの関わり方

　税理士事務所が新規のお客さまと関わるときに、最も大きな問題となるのは、さまざまな作業を何から何までやらされてしまうことなのではないでしょうか。税理士事務所の有資格者が、本来経理担当のパートさんでもできるレベルの業務までやってしまっているというケースも結構あります。

　その結果、お客さまの売上高や店舗数などから判断して見積もった業務時間を大幅に超過してしまい、採算の取れない顧問報酬しかいただけていないという状況に陥ります。しかも、一度見積もった顧問報酬は簡単には改定できません。こうした状況を防ぐために、まずは事務所内でルールを作り、やってはいけない作業やサービスを明確化することが必要です。ルールができたら事務所内で徹底を図り、事務所全体で予想業務時間を大幅に超過しないような業務体制を構築していくことが大切であり、記帳指導はそのための強力な武器となるのです。

1．顧問先あたりの目安の時間

　税理士事務所の監査担当者が、顧問先企業1社あたりの月次監査に費やす時間は、理想としては、訪問前準備、訪問しての作業、訪問後の処理業務を含めて、5～10時間くらいが目安ではないかと思います。

2．最悪なパターン

　逆に、最悪のパターンでは、同様に50～60時間くらいかかっているのではないでしょうか。最悪でも、監査担当者1人につき1時間

あたり6,000〜8,000円くらいはいただかないと、税理士事務所は成り立ちませんから、仮に6,000円で50時間となると30万円です。月額顧問料は、通常、3〜5万円、多くても8〜10万円くらいのケースが多いと思いますので、50時間もかかっていては採算割れも甚だしいということになります。これが、記帳指導するにあたって最初に考えるべき時間超過と人件費採算割れの状況ということになります。

3．税理士事務所内部に問題がある場合

(1) 職員の意識の問題

税理士事務所の職員というのは、職業会計人としての技術を身に付けて、会計・税務の専門家になることを目指して入所しています。したがって、会計人としての能力を高めていきたいという意識が強く、月次監査業務を早くやろうというよりも、むしろ能力を身に付けたいという気持ちが強いのです。

この状況をよく言えば、「丁寧に業務を行う」ことになりますが、端的に言うと「能率が悪い」ということになります。つまり、「能率を上げる」という意識と「時間超過している」という問題意識が希薄なのです。

こうした状況を防ぐためにはどうすればよいのか。職業会計人の専門家になる意識を変える教育は不可能ですので、担当関与先を多く持たせるのです。多くの関与先をこなすのは何とかして1件あたりを早くこなさなければならないという意識が働き、1件あたりの業務時間を極力短くできるように工夫するようになります。これがこのケースでの一番の解決策です。

(2) 職員の能力の問題

2つ目は能力の問題です。同じ業務量をこなすのに経験の差で倍の

時間がかかるということは確かにあります。この場合の能力とは、コンサルティング能力や会計・税務に関する知識などではありません。経験のないことに対して、効率よく早く終わらせる処理能力です。例えば、初めて巡回監査を行う際に、早く業務を覚える人とそうでない人がいます。この場合の最大の解決策は、ズバリ業務の標準化です。

業務の標準化最低限税理士事務所がやるべきことを決め、チェックリストを作り、その通りに業務を行っていく手法です。つまり、あまり応用能力がなくても業務をこなせるようにするわけです。こうすることで、能力の高い人の半分程度の業務効率を、7～9割程度にまで引き上げることは可能です。

(3) 事務所内ルールの問題

ここでいうルールとは、お客さまと税理士事務所の間の役割分担、つまり、業務分担の取り決めのことです。

そもそも、記帳をする主体はお客さまであり、税理士事務所はそれを指導、チェックするというのが根本的なルールです。つまり、税理士事務所の職員が、本来お客さまがやるべきことまでやってしまっているという問題です。

この場合の解決策は簡単です。「新規顧問先記帳指導を徹底」するわけです。各種の指導マニュアルや指導ツールを使い、最初に時間をかけて丁寧に指導することによって、顧問先の効率的な記帳や自計化を軌道に乗せていくのです。記帳というのは、一度軌道に乗ってしまえばわざわざ高いお金を払って外部の専門家にお願いするような作業ではありません。記帳指導における税理士事務所の存在意義は何かというと、1つにはスペシャリストとしての指導機能、もう1つは、経理担当者の不正を防ぐ第三者チェック機能です。

4．関与先に問題がある場合

（1） 関与先がすべき業務を税理士事務所がやらされてしまう

このケースは、顧問先の社長の奥さまなどにありがちだと思いますが、「顧問料が変わらないならなるべく税理士事務所にやってもらおう」という発想です。監査担当者が採算性を理解していれば丁重に押し返すことができるのですが、誠実で対人的な圧力に屈しやすい担当者ですと押し切られてしまいます。つまり、お客さまが必要最低限の作業をやっておらず、お客さまの意図で税理士事務所がやらなくてもいい作業をやらされてしまうというわけです。

この解決策は、お客さまと税理士事務所の役割分担の原点に戻り、場合によっては所長先生が自ら出向き、業務分担の仕切り直しを行う必要があります。

（2） 契約時に問題がある場合

このケースは、契約時に業務分担がきちんと決められていないケースです。顧問契約の締結時、契約更新時などに、役割分担をきちんと決めておくという基本が抜けているからなのです。

契約時にどんな注意をすべきか、どんな契約書を結ぶとよいか、税理士事務所が最低限お客さまに伝えておくべきことは何かなど、お客さまの了解を取りながら契約を進めていくということが肝心となるでしょう。

（3） 社長さんを満足させて解決

このケースは、「確かに契約ではそうなってるけど、お願いだからそこを先生何とかやってよ」と頼み込まれてしまうケースです。これを言われてしまうとやらないわけにいかなくなってしまうので、言われる前に言わせない方向にもっていく必要があります。

そのためには、日ごろから経営者に対して、試算表や決算書の読み方、押さえるべき経営数値のポイントなどを説明し、「やはり税理士事務所はさすがだな！」、「この事務所にお願いしてよかった！」と思わせることが大切です。「専門的な部分は税理士事務所にお任せしよう」と思わせる代わりに、簡単な記帳などの作業を安易に頼まれることはなくなります。

　新規顧問先に記帳指導を行い、スムーズな記帳入力を定着させていくためには、その前段階である契約前、契約時の対応も大変重要です。お客さまと税理士事務所が相互にお互いのビジョンや志向性を理解し、業務分担を決め、顧問契約書を結び、今後どんな会計・税務を行っていくかについて合意します。

　以下では、新規顧問先記帳指導の前段階として重要な、新規のお客さまを増やす紹介ルート、顧問契約書の締結、新規顧問先経営者との関わり方などについて述べていこうと思います。

2 新規関与先紹介ルート

1．常に情報収集のアンテナを立てておく

　新規のお客さまの紹介ルートはさまざま考えられますが、効率的に新規のお客さまを増やすには、常に情報収集のアンテナを立てておくことが必要です。まず、基本となるのが事務所案内の作成・配布です。次に、今は、やはりホームページでのアピールも不可欠です。

　ホームページはできるだけ柔らかいイメージで親しみやすくすることが大切です。税理士事務所は一般的に固いイメージがあるので、楢山直樹事務所のホームページは、さまざまな事務所の情報を盛り込んでいます。

　また、事務所が紹介された記事や書籍などを貼っておくことも効果的です。というのは、そうしたものには所長の顔写真やプロフィール（経歴）が掲載されるケースが多いので、初めて事務所を訪問するお客さまでも、顔やプロフィールをまったく知らない人に比べると、ずっと親しみを感じていただくことができるからです。

　所長や事務所に関するもの以外でも、経営の役に立つもの、所長が読んでよかったと思った書籍などもお中元やお歳暮の機会を使って献本することをお勧めします。楢山直樹事務所では、過去に500冊、600冊、800冊などかなりまとまった量の献本をしています。

　献本する対象は、現関与先や銀行、信用金庫などの金融機関、地元商工会議所やロータリークラブ、過去に名刺交換した人々など、新規関与先の紹介につながる可能性のあるところ全般です。その際、本の帯やしおりなどに事務所独自のメッセージを入れておくのもよいでしょう。

所長の考え、事務所のビジョンや方向性などを広く知ってもらうことにも役立ちます。「すでにお読みの場合、お読みになった後はどなたかにお配りください」などというメッセージを入れておけば、献本先の範囲を超えてさらに広く知ってもらうことも可能となります。

そのほか、電話帳広告も効果は小さくありません。税理士事務所を探す手段としてインターネットが普及したとはいえ今でも広く電話帳が使われているためです。電話帳広告だけでも年に何件かは問い合わせがありますし、URLを載せておけばホームページに誘導することできます。

2．新しくお会いした方には全員に電報はがきを出す

新しく会った方には必ず「電報はがき」を出すようにします。電報はがきというのは、複写はがきのことで、カーボン紙で複写した手書きのお礼状の控えが手元に残るようにしたものです。電報はがきを出すコツは、

> ① 出会いに感謝する。
> ② 自分の素直な気持ちを書く。
> ③ 出会って3日以内に出す。
> ④ 返事は期待しない。

という4つです。

こうしたいろいろな出会いを大切にする気持ちを持つことで、新規関与先の紹介を受ける機会が自然と増えていきます。

現在の関与先やお客さま、銀行や信用金庫などの金融機関、税理士会・法人会、商工会・商工連合会、医科・歯科材料・機械販売会社等営業マン、親戚・知人、地元ロータリークラブでのつながり、各種セ

ミナー講師を引き受けたことなどなど、出会いのキッカケは実にさまざまです。こうしたつながりや出会いを大切にして電報はがきを送ります。楢山直樹事務所では、これまですでに累計で1万8,000枚以上の電報はがきを出しています。

3．来所していただき事務所を見ていただく

（1）まずは事務所に来所していただく

新規のお客さまは必ず事務所に来ていただくようにします。経営者の中には税理士事務所を見たことがないという方も結構いらっしゃいます。実際に事務所に来ていただき、所長をはじめ事務所とその業務の現場、スタッフの接客の仕方や事務所の雰囲気など、事務所全体を見ていただくことは今後長いお付き合いをしていただく上で大変重要です。

（2）自分の人生観の表現

事務所の所長が自分の生き方、人生観、仕事観、死生観などを明確に表現することも大切です。楢山直樹事務所の所長（私）の場合、毎年年末に「自分への弔辞」を書いています。

私は誕生日が12月29日なので、毎年誕生日に仕事納めの後で今年1年を振り返り、来年に向けて今後どんな人生を送っていきたいかについて弔辞を書きます。

最初はA4用紙1枚程度の内容でしたが、年々増えて今では10枚以上のボリュームになっています。自分はいかに生きるべきか、いかに死にたいか、そのためにはいかに仕事をしていくのかということを文章化してみるのです。イメージとしては、自分の葬式において誰かに代読してもらう文章を考えるといいでしょう。

趣旨は、自分の生涯の足跡に対して最大の賛辞を送り、本心を偽

りなく表現するというものです。そうすると自己の再出発の文章になるというわけです。

　書いてみると分かりますが、自分の理想の限りを書くわけですからまずは現実とのギャップを痛感します。つまり、現実から理想に少しでも近づくためにはどうすればよいのか、どのように努力すればよいのかが分かり、さらには、家族、両親、先祖、社員、友人、社会などすべてのことに対して感謝する気持ちが強くなります。

　こういったことを事務所に来ていただいた経営者の方々にお話しすると、多くの部分で共感していただけます。自身の経営に置き換えて考えていただきつつ、関与先との今後の良好な関係構築にもつながります。

(3) 税理士事務所はサービス業である

　税理士は決して「先生業」ではなく、いわば「専門サービス業」であると言えます。したがって、関与先からなるべく"先生"とは呼ばれないようにしたいものですし、税理士事務所は接客が勝負であるということをよく認識しておくべきです。事務所の玄関から入ってくる人は営業マンや宅配便の配達に至るまですべてお客さまと心得、スタッフ全員が、明るく、元気に、さわやかに対応することが事務所の差別化につながります。

　例えば、宅配便の配達人に経営者の知り合いがいるとします。「配達で出入りして税理士事務所の中でどこかお勧めのところはないか？」と聞かれた時に、「いい事務所があるよ！」と評価してもらえるような対応を、普段からしておくことが大切なのです。評価されないまでも、少なくとも「あそこは駄目だ」とは言われないようにしなければなりません。

4．経営者の創業の精神をお聴きする

　事務所に来ていただいて事務所全体を理解していただけたら、今度は経営者の人なり、創業の精神や経営理念について十分に理解することが重要です。

(1) なぜこの仕事をするのか

　経営者は、多かれ少なかれ、必ず何らかの人生目標を持って事業に取り組んでいるはずです。まずは経営者の創業の精神を確認し、どんな生き方がしたいのか、どんな会社にしたいのかなどを順に聴いていきます。個人、家庭、仕事、生き方、死に方などについての思いを聴いた上で、それらの要素から個人的な要素を取り除くと、その経営者の経営姿勢が浮き彫りとなってきます。

(2) 経営の質を判断

　経営者からいろいろとお話をお聴きすると、その経営者の経営スタイルが分かります。現在地、行き先、行き方が分からない迷子の経営者なのか、現在地を把握して行き先を決め、行き方を定めた賢者の経営なのか、こうしたことをよく把握した上で交渉を行うことが重要です。

　感性論哲学者の芳村思風氏によれば、人間は理性、感性、肉体で生きているといいます。理性とは頭で考えること、感性とは心で感じること、肉体とは体そのものですが、経営者の方々に対して、自身の理想とする経営についてこういった話を交えると、大変納得してもらいやすいと思います。経営者自身に自らの経営スタイルを意識してもらい、目指すところを明確にした上で今後の方針を決めていくことが肝要なのです。

(3) どんな仕事で社会貢献するのか

　経営者の基本的な経営スタイルが見えてきたら、事業のビジョン、その事業による社会貢献の方法、社会に必要とされるために必要な要素などについても聴いておきたいところです。

　そこから一歩踏み込んで、経営の目的や将来の方向性、会社のあるべき姿やなりたい姿をイメージし、長期的なビジョンまで見えてくれば、最初の段階としては上出来です。

3 契約を視野に入れた各種コンセンサス

1．税理士事務所、関与先それぞれがやるべきことの明確化

　契約に至ることを想定して、事務所側と会社側がそれぞれやることを明確にしておくことは、税理士事務所にとって極めて重要な作業です。いわゆる業務範囲の取り決めというものですが、これを事前に明確にしておかないと、後々税理士事務所どんな業務も顧問契約の範囲で引き受けなければならなくなる恐れがあります。

　契約を結ぶときには当然顧問契約書を取り交わすことになりますが、顧問契約書の中でも事務所の業務範囲と会社の義務を明文化しておくことは不可欠です。

2．月次経営実績書をサンプルで説明

　経営者と初めて顔を合わせますので、月次決算書のサンプルを使って、契約に至った場合の業務内容に関して詳細な説明を行います。月次決算書というのは経営者の月々の通信簿であるという意義、経営者が月次決算書を読めるようになるお手伝い、また、月次決算書をいかに読んでそれを実際の経営にどう生かしていくかということについて説明します。

3．税理士顧問契約書をしっかりと説明

　正式な契約の前ですが、税理士顧問契約書【資料11】についてしっかりと説明します。まず、税理士とは何か。税理士とは、「公正・中立な立場で租税正義を実現する」、「1円も取り過ぎることはなく、1円も取り足らぬこともなく」という仕事であると説明します。

【資料11】税理士顧問契約書

税理士顧問契約書

商　号：＿＿＿＿＿＿＿＿＿＿＿＿＿＿

委任者（甲）〒

住　　所

商　　号

代表者名　　　　　　　　　　　　　（印）

受任者（乙）〒020-0066

住　　所　　盛岡市上田三丁目14番11号

事務所名　　税理士　楢山直樹事務所

代表者名　　税理士　楢　山　直　樹　　（印）

第3部 事務所メンバーの創造力を発揮させる!

税理士顧問契約書 …(新規契約用)

印紙
200円

委任者(以下「甲」という)は、税理士業務に関して税理士楢山直樹(以下「乙」という)に委任し、乙はこの業務を受任したので、下記の通り税理士顧問契約を締結した。

記

第1条(委任業務の範囲)
1 甲の事業にかかる法人税・所得税・消費税・住民税(県民税・市町村民税)・事業税のうち、通常生ずる事項についての税理士法第2条1項(税理士業務)に定める業務(「税務代理」・「税務書類の作成」・「税務相談」)を範囲とする。

第2条(契約の期間)
1 本契約の期間は、次の通りとする。
  自:平成　年　月　日
  至:平成　年　月　日

第3条(税理士報酬の額及び支払時期)
1 税理士報酬の金額

<報酬の種類>	< 税 込 金 額 >
① 月額顧問料	月額:　　　　円
② 決　算　料	月額報酬の　　カ月分
③ 消費税決算料	月額報酬の　　カ月分　(A)

注意(1)決算料(法人税・所得税)は原則として月額顧問料の6カ月分とする。
　　(2)消費税決算料は□本則課税(2カ月)□簡易課税(1カ月)となります。
　　(3)上記は消費税込みの金額となっております。
2 但し、甲の申し出により月額報酬と決算料を月額に平均して均等に支払うことができるものとする。

年間金額(A)　　　　　円 ÷12カ月 =月額均等:　　　　円 (B)

注意(4)月額平均金額について端数のある場合には百円未満切り上げとする。
3 決算時消耗品代:決算時に15,750円(決算ファイルボックス・元帳・データ保管料等が含まれる。)
4 調査立会、年末調整、償却資産税の申告及び借入書類の作成等、特に手数を要する場合において甲は、乙に対して「当事務所報酬規定」に基づいて別途に報酬を支払うものとする。
5 前項記載以外の業務に関する報酬は、別紙:個別業務報酬規定により別途支払を受けるものとする。

第4条(報酬の支払時期及び方法)
1 甲は、乙に対して顧問報酬として当月分を当月末までに、又、決算報酬は申告書類引渡後に原則として銀行口座振替により支払うものとする。
2 報酬の支払方法については、以下の通りとすることを確認する。
　・月 額 顧 問 料 →□銀行引落□現金支払□銀行振込
　・決　　算　　料 →□銀行引落□現金支払□銀行振込
　・消 耗 品 代 他 →□銀行引落□現金支払□銀行振込
　※銀行引落の場合 →□岩 手 銀 行(当月15日) □北日本銀行(当月15日)
　　　　　　　　　　□盛岡信用金庫(当月15日) □東 北 銀 行(当月20日)
　　　　　　　　　　□東銀ソフトウエアサービス/TSS(当月23日)

135

第5条（報酬の改訂）
　1　第3条の報酬の額は、契約時の額とし委任を継続する場合は、経済事情等を考慮して甲・乙相互に協議の上これを改訂する。
第6条（事務用品費）
　1　甲は、乙に対して委任業務につき発生した事務用品費等については実費を支払うものとする。
第7条（資料の作成・提示及び責任）
　1　甲は、委任業務の遂行に必要な説明、原始資料（領収書、納品書、請求書、会計伝票等）その他の資料（以下「資料等」という）をその責任と費用負担において、乙に提供しなければならない。
　2　甲は、乙の請求があった場合に、資料等を速やかに提出しなければならない。
　3　資料等の不備に起因して生じる委任事案の瑕疵については、甲の責任とする。
第8条（秘密の保持）
　1　乙は、業務上知り得た事項について、税理士法の守秘義務により、他に漏らし又は盗用してはならない。
第9条（解　　約）
　1　次の事由が発生した時には、本契約を解約することができる。
　　①第7条に定める資料の提示が所定の日までになされない場合。
　　②第3条に定める税理士報酬を甲が「3カ月以上支払わない」場合。
　　③甲が適正な納税義務の履行をはかることが困難であると乙が判断するような事態が生じた場合。
　2　甲の申し出により解約する場合は、甲は、第3条に定める税理士報酬金額を限度として乙に支払うものとする。
　3　乙の申し出により解約する場合は、乙は、解約以後の月額顧問報酬を限度として甲に返還し、以後、本契約に係る一切の責任を免れるものとする。
第10条（情報の開示と説明および免責）
　1　乙は、甲の委任業務の遂行にあたり、会計処理方法が複数存在し、いずれかの方法を選択する必要がある時や、相対的な判断を行う必要がある時には、甲に説明して承諾を得なければならない。
　2　甲が前項の説明を受け承諾した時は、当該事項につき後で生じる不利益について乙はその責任を負わない。
　3　消費税の納付及び還付の場合には、課税方法の選択により不利益を受けることがあるので甲は多額の設備投資等を行う時は事前に乙に通知をすることとする。
　　甲が通知をしなかったことによる不利益については乙はその責任を負わない。
第11条（無　　効）
　1　甲は、税務会計顧問及び記帳代行業務を乙以外の事務所と本契約において契約をしていないものとする。
　　もしも、当契約がある時は、本契約を無効とする。
第12条（その他）
　1　委任事案を処理するために必要な日当、旅費及び宿泊料等は、乙より請求のあり次第支払うものとする。
第13条（特約事項）

以上の契約を証するため本契約書を2通作成し、次に記名押印の上、各自その1通を保管する。

　平成　　年　　月　　日（　　）

　　　　　　　　　　　　　　　　　　　委任者（甲）〒
　　　　　　　　　　　　　　　　　　　　住　　所
　　　　　　　　　　　　　　　　　　　　商　　号　　　　　　　　　　　　（印）
　　　　　　　　　　　　　　　　　　　　代表者名

　　　　　　　　　　　　　　　　　　　受任者（乙）〒020-0066
　　　　　　　　　　　　　　　　　　　　住　　所　　盛岡市上田三丁目14番11号
　　　　　　　　　　　　　　　　　　　　事務所名　　税理士　楢山直樹事務所　（印）
　　　　　　　　　　　　　　　　　　　　税理士名　　税理士　楢　山　直　樹

【資料12】税理士業務標準料金表（法人用）

法人用　　　　　　税理士業務標準料金表（例示・法人用）

A. 法人税

税理士　楢山直樹事務所

区分	A	B	C	D	E	F	G	H	I	J	K	L	M	N
月額料金	千円 50	千円 55	千円 60	千円 65	千円 70	千円 75	千円 80	千円 90	千円 100	千円 110	千円 120	千円 130	千円 140	千円以上 150
業態区分	下記の年間取引高（単位：百万円）区分により上記の月額報酬料金とする。													
	以下	以下	以下	以下	以下	以下	以下	以下	以下	以下	以下	以下	以下	超過
小売業	20	30	50	75	100	150	200	300	400	500	600	700	800	800
卸売業	50	90	120	160	200	250	300	500	600	700	800	1000	1200	1200
製造業	20	60	100	150	200	300	400	500	650	800	1000	1200	1500	1500
加工業	12	20	30	40	50	70	100	150	200	300	450	600	800	800
総合建設業	35	50	80	100	200	500	800	1000	1500	2000	3000	5000	6000	6000
一般建設業	20	30	40	55	70	85	100	150	250	300	400	600	800	800
貨物運送業	20	40	60	90	120	160	200	300	500	650	800	950	1100	1100
薬局	15	20	30	40	50	60	70	80	100	150	200	300	450	450
歯科医院	15	20	30	40	50	60	70	80	100	150	200	300	450	450
医院	12	15	20	30	40	50	60	70	80	100	150	200	400	400
病院	12	15	20	30	40	50	60	80	90	100	150	200	300	300
医療法人	10	12	15	20	30	40	50	60	70	80	100	150	200	250
サービス業	15	20	30	50	70	100	150	250	300	350	400	550	700	700
その他	20	40	60	90	120	160	200	350	500	600	700	850	1000	1000

【注意】(1) 本表に定める料金は、会計伝票は一切お客様が作成の上当事務所に持ち込み伝票を精査の上、元帳の作成から試算表の作成までの料金である。
(2) お客様の関与形態が異なる場合は、若干の加減をすることがある。
(3) 法人税決算料は、月額報酬の6カ月分以上（臨時の場合は8カ月分以上）とする。
(4) 消費税決算料は、簡易課税は1カ月分以上、本則課税は2カ月分以上とする。
(5) 新規契約の場合は、相互に協議して若干の加減をする。
(6) 新規契約で他の会計事務所からの移籍については、前の事務所の料金以上とする。
(7) 年間取引金額が2千万円未満のものについては、最低月額報酬40,000円とする。
(8) その他については、相互に別途協議して決定する。

※法人の場合→最低：月額50,000円とする。

【資料13】税理士業務標準料金表（個人用）

個人用　　　　　税理士業務標準料金表（例示・個人用）

B. 所得税

税理士　楢山直樹事務所

区　分	A	B	C	D	E	F	G	H	I	J	K	L	M	N
月額料金	千円 40	千円 45	千円 50	千円 55	千円 60	千円 65	千円 70	千円 75	千円 80	千円 90	千円 100	千円 110	千円 120	千円以上 130
業態区分	下記の年間取引高（単位：百万円）区分により上記の月額報酬料金とする。														
	以下	以下	以下	以下	以下	以下	以下	以下	以下	以下	以下	以下	以下	超過
小　売　業	20	30	50	75	100	150	200	300	400	500	600	700	800	800
卸　売　業	50	90	120	160	200	250	300	500	600	700	800	1000	1200	1200
製　造　業	20	60	100	150	200	300	400	500	650	800	1000	1200	1500	1500
加　工　業	12	20	30	40	50	70	100	150	200	300	450	600	800	800
総合建設業	35	50	80	100	200	500	800	1000	1500	2000	3000	5000	6000	6000
一般建設業	20	30	40	55	70	85	100	150	250	300	400	600	800	800
貨物運送業	20	40	60	90	120	160	200	350	500	650	800	950	1100	1100
薬　　局	15	20	30	40	50	60	70	80	100	150	200	300	450	450
歯科医院	15	20	30	40	50	60	70	80	100	150	200	300	450	450
医　　院	12	15	20	30	40	50	60	70	80	100	150	200	300	400
病　　院	12	15	20	30	40	50	60	80	90	100	150	200	300	300
サービス業	15	20	30	50	70	100	150	250	300	350	400	550	700	700
そ の 他	20	40	60	90	120	160	200	350	500	600	700	850	1000	1000

【注意】(1) 本表に定める料金は、会計伝票は一切お客様が作成の上当事務所に持ち込み伝票を精査の上、元帳の作成から試算表の作成までの料金である。
(2) お客様の関与形態が異なる場合は、若干の加減をすることがある。
(3) 法人税決算料は、月額報酬の6カ月分以上（臨時の場合は8カ月分以上）とする。
(4) 消費税決算料は、簡易課税は1カ月分以上、本則課税は2カ月分以上とする。
(5) 新規契約の場合は、相互に協議して若干の加減をする。
(6) 新規契約で他の会計事務所からの移籍については、前の事務所の料金以上とする。
(7) 年間取引金額が2千万円未満のものについては、最低月額報酬30,000円とする。
(8) その他については、相互に別途協議して決定する。

※法人の場合→最低：月額40,000円とする。

つまり、税法に照らして正しい仕事をしていく、ということを理解していただきます。契約書の内容については、正確かつポイントを絞って詳細に説明します。

(1) 契約の前提として押さえるべきポイント

契約期間は1年とし、新年度では必ず契約更新を行う旨を説明します。税理士顧問契約書は、新規契約書と更新契約書の2種類を作成します。委任者であるお客さまと受任者である税理士事務所との間の契約であることを明らかにし、会社がやるべきこと、税理士事務所がやるべきことをそれぞれここで明確にします。業務分担表なども作っておくとよいでしょう。

契約書は取り交わしているが自動更新になっているという話はよく耳にします。しかし、環境の変化に合わせて顧問料を見直す必要に迫られたり、契約内容に改定の必要が生じることなどもあるため、契約期間は必ず1年間として、以降1年ごとに更新契約書を取り交わすようにします。例えば、3月決算であれば5月末日までに決算業務が終了するので、契約期間は6月1日から翌年の5月31日までの1年間とします。

次に報酬額についてです。137頁の表の業態の中の医院を例に説明します。売上げが5,000万円だとすると月額料金はFの区分となり、7万5,000円となります。年間売上高1億8,000万円の製造業であれば、上から3つ目、売上高2億円以下の区分になりますから、月額料金はEの7万円となります。この額が基本となり、そのほか内部で取り決めているルールにしたがって最終的な月額報酬額が決まります。

内部で取り決めているルールとしては、新規やほかの事務所から移ってきた会社は最低月額5万円、新規開業で売上げがまだ分からない会社の場合は、初年度月額4万円と取り決められています。また、【資

料12・13】（137・138頁）の注意事項の（6）に書かれていますが、他の事務所からの移籍の場合は、「前の事務所の料金以上とする」となっています。

　このようにして月額報酬額が決まると、決算料は法人の場合その6か月分、消費税は2種類あり、簡易課税は1か月分、本則課税は2か月分となっています。例えば月額報酬額5万円の法人で消費税が本則課税の場合だと、月額報酬額12か月に決算料が6か月、消費税が本則課税で、2か月ですべて合わせて20か月、5万円の20か月分で100万円が年間報酬額ということになります。

　こうしたことを最初に伝えておかないと後々トラブルの種となりますので、契約書は最初にしっかりと正確に、読み合わせをして説明しておくことが大切です。

　また、現金払い、銀行振込、自動引き落としの3種類があり、自動引き落としの場合の引き落とし手数料は事務所負担となっています。

　報酬の改定については、例えば、3月決算で5月申告のときに1年間の業務が終了し、新年度6月以降の契約の更新を行います。決算時というのは、社長さんにとって一番気持ちが高揚する時期ですから、このタイミングで契約の更新と、必要に応じた報酬改定を行います。契約の1年更新というのは事務所側にとっても真剣勝負です。当然のことながら更新してもらえないこともあるわけですから、この時を勝負の時ととらえて契約更新に臨むようにします。

　注意点は、【資料11】（136頁）の第7条の「資料の作成・提示及び責任」の項目です。お客さまが「これで全部です」と言って提出した資料については責任を負いますが、万一提出されなかった資料があった場合には、その内容について責任を負うことはできないということをきちんと伝えておくことが必要です。

　同じく第8条は守秘義務についてです。現在のお客さまはもちろん

のこと、過去のお客さまについても、自分たちは業務上知り得た秘密について生涯守るというスタンスをきちんとお伝えします。

また、第9条は解約の項目です。お客さまの都合で3か月以上資料が提出されない、あるいは税理士報酬が支払われないといったケースでは残念ながら解約になるというものです。

逆に、お客さまから解約を希望されることもあるわけですので、1年契約にして、1年ごとに契約を更新するかどうか、お互いに考える機会があることが重要なのです。

そのほかポイントだけ触れておきます。第11条は、お客さまが当税理士事務所以外にすでに税務会計顧問および記帳代行業務の契約を結んでいる場合には、この契約は無効になるという条項です。これは税理士会の中における自己防衛手段です。

さらに、第13条の特約事項は、契約書の内容以外にお客さまとの間に特別な契約を結びたい場合にはその内容を付け加える項目です。そして、契約書は2部作成し、お客さまと事務所でそれぞれ保管しておきます。

続いて「更新契約書」をご覧ください【資料14】(142頁)。これが更新用の税理士顧問契約書です。基本的には新規契約用の項目の中から必要な項目だけを抜き出しています。

具体的には、第2条の契約の期間、第3条の報酬金額の改定です。報酬額は、一般的には3年程度現状維持で、4年目くらいに改定することが多いと思います。普通は報酬額が上がることを考えると思いますが、時勢を反映して状況によっては下がることもあり得ると考えておくべきです。

一番下は参考として入れておきました。左側の欄が現在の報酬額、真ん中の欄が同事務所の標準の報酬額、右の欄が新しい報酬額です。例えば、「標準額だと7万円ですが現在5万円しかいただいていませ

【資料14】税理士顧問契約書（更新用）

税理士顧問契約書

【 更 新 用 】

商　号：＿＿＿＿＿＿＿＿＿＿

委任者（甲）〒

住　　所

商　　号

代表者名　　　　　　　　　　　（印）

受任者（乙）〒020-0066

住　　所　　盛岡市上田三丁目14番11号

事務所名　　税理士　楢山直樹事務所

代表者名　　税理士　楢　山　直　樹　　（印）

第3部 事務所メンバーの創造力を発揮させる！

税理士顧問契約書 ・・・（更新用）

印紙 200円

（更 新 用）

委任者（以下「甲」という）と受任者（以下「乙」という）との間に結ばれた税理士顧問契約書のうち、次の条項に該当する部分を更新する。

記

第2条（契約の期間）
1 本契約の期間は、次の通りとする。
　　自：平成　　年　　月　　日
　　至：平成　　年　　月　　日

第3条（税理士報酬の額及び支払時期）
1 税理士報酬の金額

＜報酬の種類＞	＜税込金額＞
① 月額顧問料	月額： 　　　円
② 決算料	月額報酬の　　カ月分
③ 消費税決算料	月額報酬の　　カ月分 （A）

注意(1) 決算料（法人税・所得税）は原則として月額顧問料の6カ月分とする。
　　(2) 消費税決算料は□本則課税（2カ月）□簡易課税（1カ月）となります。
　　(3) 上記は消費税込みの金額となっております。

2 但し、甲の申し出により月額報酬と決算料を月額に平均して均等に支払うことができるものとする。

年間金額(A)　　　　　　　　円 ÷12カ月 ＝月額均等：　　　　　　円 （B）

注意(4) 月額平均金額について端数のある場合には百円未満切り上げとする。
3 決算時消耗品代：決算時に15,750円（決算ﾌｧｲﾙﾎﾞｯｸｽ・元帳・ﾃﾞｰﾀ保管料等が含まれる。）

第4条（報酬の支払時期及び方法）
2 報酬の支払方法については、以下の通りとすることを確認する。
　　・月額顧問料　→□銀行引落□現金支払□銀行振込
　　・決　算　料　→□銀行引落□現金支払□銀行振込
　　・消耗品代他　→□銀行引落□現金支払□銀行振込
　　※ 銀行引落の場合 →□岩手銀行（当月15日）□北日本銀行（当月15日）
　　　　　　　　　　　　□盛岡信用金庫（当月15日）□東北銀行（当月20日）
　　　　　　　　　　　　□東銀ｿﾌﾄｳｴｱｻｰﾋﾞｽ/TSS（当月23日）

第13条（特約事項）
以上の契約を証するため、本契約書を2部作成し各自記名捺印の上、その1通を保管する。

　　平成　年　月　日（　）
　　　　　　　　　　委任者（甲）〒
　　　　　　　　　　　　住　　所
　　　　　　　　　　　　商　　号　　　　　　　　（印）
　　　　　　　　　　　　代表者名

　　　　　　　　　　受任者（乙）〒020-0066
　　　　　　　　　　　　住　　所　盛岡市上田三丁目14番11号
　　　　　　　　　　　　事務所名　税理士　楢山直樹事務所　（印）
　　　　　　　　　　　　代表者名　税理士　楢　山　直　樹

◇参考◇

◇現在の税理士顧問報酬額◇		◇当事務所の標準報酬額◇		◇更新後・新顧問報酬額◇	
月　額	決算料	月　額	決算料	月　額	決算料
	□決算料　カ月 □消費税　カ月		□決算料　カ月 □消費税　カ月		□決算料　カ月 □消費税　カ月

(H　　年より据置)

ん。そこで新しい報酬額は6万円でお願いします」というような交渉を行うときに便利です。

（2）初日（初対面）での契約は絶対にしない

　新規で訪れたお客さまに対して、お互いの理解を深めるために、契約内容に関するさまざまな説明をすることをここまで述べてきました。

　しかし、楢山直樹事務所では、初対面の時にすぐに契約を結ぶことは絶対にしないルールになっています。

　新規のお客さまに対しては、まず、税理士顧問報酬の決め方について説明します。2時間、あるいは3時間ほど丁寧にいろいろと説明し、社名、契約期間などが空になっている税理士顧問契約書のサンプルを渡します。

　そして、「よくお考えになってご検討ください」と言っていったん持ち帰ってもらいます。そうすると、契約するお客さまは、早い人で翌日、遅くても必ず1週間以内には再びいらっしゃいます。つまり、お客さまが冷静に考えることができる時間を作るということが大切です。仮に、初日にすぐ「引き受けます。契約書にはんこをお願いします」と言われたらどうでしょうか。お客さまの心理として「なんだか知らないうちに契約書にはんこをつかされてしまった」と感じるのではないでしょうか。お客さまがなんとなく抱くこうした被害者意識がもとで、後からトラブルが発生することもあるのではないかと思います。お客さまの考えをしっかりと聴き、お客さまからの返事を待つという姿勢が望ましいと思います。

　一度お帰りいただいて、1週間以上経過したらまず再び来ないと思って間違いありません。10人いて 10人とも考えが合うわけではありません。10人いたら7～8人と考えが合致して契約に至れば上出来だと思います。

　したがって、料金が高いというお客さまに対して値引きすることは

せず、料金の安い事務所を紹介するようにします。一度値引きして契約すると、契約更新時に値上げすることはまず不可能です。顧問料についてもやはり最初が肝心です。

（3）契約時に監査担当者をご紹介
　お客さまが1週間以内に再び訪問したときには、すでに契約するという意思決定をして来ています。当然、印鑑や社判などを持っていらっしゃっていることと思いますので、そのときには監査担当者を紹介する準備をしておくことが大切です。
　事務所の各課で新規指導のチーム編成を行い、監査担当者の一覧表を作成し、幹部会議で担当する部課を決定します。担当課が決まれば、課内の監査担当者と自計化のインストラクター（会計ソフトの操作指導者）を決定し、部課長はそのフォロー体制を確立していきます。
　契約直後はお客さまの意識も高いと思います。「鉄は熱いうちに打て！」を実践し、親切丁寧に指導します。その際、「新規指導報告書（新規指導マニュアル）」を作成しておき、それにのっとって指導していくことも重要です。
　楢山直樹事務所では、新規指導先とその監査担当者、自計化インストラクター、紹介者名、現在の状況が一目で分かるような情報を事務所内で共有しています。これにより、新人でも事務所の歩みがどうなっているのかの全体像を瞬時に理解することができます。事務所全体が指先に対して効率的に動くためには、情報共有化も重要な取組みの1つです。

（4）利益に対する考え方を理解いただく
　利益を「りえき」と読むと税金を取られるという被害者意識になりがちです。利益を「御利益（ごりやく）」と読めば、「おかげさま」という気持ち

が生まれ、社会の公器である会社が納税という形で社会に貢献できるという意識が生まれます。

　お客さまがいてくれるから売上げが上がり、仕入先が取引をしてくれるから仕入れと買掛金が発生し、販管費、社員給与、銀行借入金の元金、利息などの各種経費を払って、最後に役員報酬をいただきます。そして、それでも利益が残ればその約半分を社会に還元するわけです。利益は銀行借入金の元金を返済するための財源なので、税引後利益と減価償却費を足して12で割ると月々の元金の返済能力が分かります。

　通常はだいたい、全国の法人の約70％は赤字、残り30％が何とか黒字という状態です。顧問先の社長さんには、30％の黒字企業は平均で社員1人あたりいくらの利益を出しているのかという話をします。そこで、「社長さんは社員さん1人あたりいくらの利益が理想ですか？」という質問をします。その答えが50万円で社員数が10人だとすると500万円の利益が必要ということになります。こうして1つの基準を提示した後、優良企業と準優良企業の社員1人あたりの利益の額をお話しし、顧問先企業は今どのくらいの位置にいるのかというお話をします。そうするとそれまで適正な利益の額に興味のなかった社長が、「では、うちは社員が10人だから〇〇万円くらいの利益を目指しましょう」などと言い始めます。せめて業界平均くらいの利益は出したい、準優良企業くらいの利益は出したい、いずれは社員1人あたり200万円くらいの利益は出したい、といった具合に、社長の利益に対する意識がステップアップしていくわけです。

　こんな会話をしながら、社長に目標を持ってもらい、前向きになれるキッカケにしてもらうことも大切です。

（5）お客さまの会社も必ず訪問する

　訪問したら、まず、その会社のお客さまだったらその会社のことを

どう思うかという目線で現場を見ます。会社外観、会社内を体で感じ、現物を確認し、玄関や受付での応対、接客などの現実（雰囲気）を肌で感じ取ります。

現場を見ることの大切さ、現場を体感することの大切さを実感し、現場の問題点の改善を意識します。例えば、受付の応対は明るいが内部は暗い雰囲気で誰もあいさつしないなど、気付いたことをズバリと社長に指摘します。社長も気付いているかもしれませんが、顧問先の本当のお客さまだと指摘できないようなことも、税理士事務所だからこそ率直に指摘することが重要だと思います。

(6) 紹介者には必ずはがきを出す

例えば、B社を紹介してくれたAさんは、B社がどうなったかをとても気にしているはずです。紹介者には必ずはがきを出すようにします。

楢山直樹事務所では、御礼、感謝、お詫び状の3種類のはがきを用意しています。御礼のはがきは紹介を受けてすぐに出すようにします。そうするとAさんは、「ちゃんと自分のことを気に掛けてくれているな」ということが分かります。

次に、B社と契約できた場合には、すぐにAさんに「おかげさまでB社と契約させていただきました」という感謝のはがきを出します。B社とお会いはしたが残念ながら考え方が合わなくて契約できなかった場合と、お会いはしたがすでに他の事務所と契約済みだったという場合にはAさんにお詫び状を出します。契約できなかった理由は書かず、「事務所の力不足で残念ながら契約できませんでした。しかしこれに懲りずに今後もご紹介ください」という流れを作っておきます。

ご紹介というのは人と人とのつながりを大切にしておきたいと思います。

(7) 新規顧客がさらに新たな顧客を呼ぶ体制づくり

　新規顧客がさらに新たな顧客を呼ぶ体制づくりとして重要なことは、前述したお客さまの目線で現場を見ることです。現場を見て、社長に現場でのさまざまな専門的なことについて質問を投げかけます。ここまでしている税理士事務所はなかなかありませんから、「ここまでしてくれるのか」と新規のお客さまは思ってくれると思います。

　月次巡回監査の完全実施として、翌月監査（できれば20日までに）、月次決算書の説明、3日から8日以内の早めの月次提供があります。

　訪問実施は、社長との面談、事務所便りによる税務情報の提供、「なるほど情報」として経営に役立つ情報の提供、となっています。税務会計は、月ごとに業務をルール化して、新人でも簡単に月次業務のチェックをすることが可能です。これにより通常業務の漏れを防ぎます。そのほかに確認事項などがあります。

　また、前述したように、事務所側と会社側の業務の範囲をしっかりと決めておき、一覧表（分担表）を作ります。

　お客さまが自計化することにより、税理士事務所は真実性、実在性、完全網羅性、適正性、適時性を監査させていただく旨を文章化しておきます。

4 月次巡回監査のポイント

　月次巡回監査というものは、まず事務所独自のマニュアルを作成することがポイントになると思います。新人でもパートでもあたり前のように行うことができるようにするためです。キーワードは「あたり前のことをあたり前に」。誰が行っても①標準化、②均一化、③単純化できるものを作成することが重要です。

　私自身、全国の税理士事務所を訪問し、さまざまな先生方のノウハウを教えていただきました。そのノウハウを楢山直樹事務所に合わせて、あえてレベルダウンさせ、誰でも行うことができるようにしています。本書を活用する際には、必要に応じてレベルアップさせていただいて、自分の事務所に合わせたものを作成していただければ幸いです。

1. 月次巡回監査は宝の山

　月次巡回監査は我々税理士事務所にとって、宝の山であると考えていただければと思います。

　第一に監査現場で実際のデータを見ながら、経営者に報告し、そこから何かに気付いていただくことが大事です（経営者の方に気付きを与える）。第二に気付くことから経営改善につながります（経営改善の提案ができる）。第三に気付いたらどのように行動するかが経営者に分かれば、経営者が実際に行動してくれるきかっけになります（なるほど情報）。

　楢山直樹事務所では「月次巡回監査を徹底化」しており、その月次巡回監査には定義があります。まず1つ目、「月次」と命名されているからには、毎月必ず訪問することです。2つ目は「巡回」という言

葉ですが、経営者と面談することを示します。3つ目が「監査」です。現物、帳票にも目を通しますが、訪問の目的を明確に経営者に伝えてからスタートします。

また「徹底」が大切です。それには、監査の報告を十分に経営者に行うということです。最後の徹底化の「化」ですが、これについては、習慣化していくことを目指すという定義を持っています。

現場に訪問するので、現場をすべて目で見て、そして確認する。判然としないことは経営者なり、担当者なりにお聞きする。最後は触ってみる。これらのことを月次巡回監査で行っていけばよいと思います。

2．月次監査の前に
(1) 月次巡回監査の意味

「月次巡回監査」とは会計人がお客さまを毎月巡回訪問し、会計資料、及び会計記録の適合性、明瞭性、適時性、正確性を確保するために、会計事実の真実性、実在性、完全網羅性を確かめ、監査し、かつ指導することにあります。

私は、「税理士事務所の職員として立派な日本人たれ」と話しています。立派な日本人とはどういうことかというと、まず自分自身が人間としてきちんとした人物でいてほしいということです。そして、仕事を通じて社会貢献をすることができるようにすることです。つまり、立派な日本人とは、あいさつ、礼儀、親孝行ができる人。

そして人に尽くし、感謝できる人間になることです。親に感謝できる人、あるいは、先輩、周りの人、先祖に感謝できる人。私もそうですが、毎朝、神棚・仏壇に手を合わせ、「今日も生かされてありがとうございます」と言い、1日をスタートしています。

正しい仕事の考え方を税理士事務所の共通の価値観として持っていたいと考えています。お客さまに喜ばれる仕事をすることによって、

次の巡回監査が待ち遠しく思うようになります。さまざまな書物の中で、一番好きなものが稲盛和夫さんの「人生・仕事の結果」です。そこには、「考え方×熱意×能力」とされています。能力や熱意が0％から100％までありますが、考え方は－100％から＋100％まであります。いくら熱意や能力に優れていても考え方1つでプラスにもマイナスにもなるということです。

したがって、自事務所の共通の価値観、自分自身の考え方と社員の考え方を意思統一するという意味で、「なぜ巡回監査をするのか」という定義も重要になってくると思います。

月次巡回監査は、我々からすれば「宝の山」です。例えば、月次巡回監査を通して社長にお会いし、現場でデータを見て読み取り、そして気付きを与える。社長に気付いていただければ、その後に経営改善をどのように行うかが具体的になり、そのお手伝いをします。そうした「なるほど情報」をもとにして社長に動いていただくことが可能になります。

一般的に、税理士事務所は「後ろ向きの仕事をしている」場合が多いのです。つまり、起きた出来事（帳簿）の後処理をしているわけです。したがって、税理士事務所が後ろ向きの仕事（過去会計）をし、社長が前向き（未来会計）の考え方をしていると当然ギャップが出ます。本来はそうしたギャップがあってはならないのです。過去の数字は大事ですが、それをもとにしてどのように先を見ていくか（先見経営）のお手伝いをできればいいですね。

(2) 月次巡回監査の目的

月次巡回監査の目的です。税理士法にありますが、税理士業務を行なう職業会計人に対して、真正の事実を確保するため、相当の注意義務（税理士法45条2項）を課しています。

したがって、お客さまを訪問し、巡回監査を通して会計資料をチェックしていくことが重要です。巡回監査で会社の現状、あるいは経営方針の決定、予算と実績の対比を経営助言としていきます。

月次巡回監査では現場をすべて目で見て確認し、「見る、聞く、触る」を実践することが大切です。私がこの仕事で大変感謝している点が、顧問料というお金をいただきながら、多くの経営者にお会いさせていただき、さまざまなことをタダで学べることだと考えています。我々はどうしても机上の仕事になってしまいますが、そうではなく、顧問先の本社、営業所、工場等に訪問し、そして現場を見て、さまざまな事をお聞きできます。他にそうした仕事はありません。そのようなことを踏まえた上で、月次巡回監査を行っていきましょう。

(3) 監査担当者の注意事項

税理士事務所が巡回監査を行う場合、担当者が守るべきことを文章にしたものが「月次巡回監査報告書」の冒頭にあります。

第一に、月次の巡回監査報告書は監査担当者の全うすべき職務基準を明示したものであり、お客さまに対してのサービスの一覧表ではない、ということです。あくまでも所長と同じような価値観、あるいは考え方を判断基準にし、お客さまを訪問してさまざまな業務を行っていただきたいということで注意事項として挙げました。

第二に、税理士法にある「相当の注意義務」とは、簡単に言えば、10人いたら10人のうち8人や9人が気付くようなことを見落とさないということです。

第三は、楢山直樹事務所の社訓であり、それは「誠実・行動・感謝」です。常に専門家として誠意と感謝の気持を持って行動します。税法、会計は大前提として、社会人として、人間として正しく対応していく。その上で税法、会計の面においてお客さまのお役に立つ情報をお伝え

することができる努力をしていくということになります。

　第四は、監査担当者は現金の伝票については絶対記入してはいけないということです。現金出納帳に関してはお客さまが厳格に管理する。記入されたものを、我々が見るのが前提であり、書き込む部分ではないということが一番重要です。会計記録の証拠能力はお客さま自らが伝票を起こすことによって保証されます。そのことを懇切丁寧に説明し、指導していかなければなりません。

　そして、第五です。例えば監査担当者のＡさんがお客さまの会社を訪問させていただいたとします。その人は楢山直樹事務所という事務所を代表する人であり、お客さまと所長との間のコミュニケーションを仲介する役割をせねばなりませんので、「心構え」が必要になり、当事務所ではそれを言い続けています。よいことを所長の耳に入れるだけではなく、逆にお客さまからの要望、クレームを優先して伝えてもらいたいということです。要望やクレームは事務所発展のために必要なものであり、すべてに優先して即座に対応していかなければなりません。ここが対応のポイントとなります。

　これは『ＴＫＣ会計人の行動基準書』から共鳴したもので、監査担当者の注意事項であり、事務所の従業員にも心がけてもらっていることがあります。それは、日本人として立派な人間を実践していくことと、自分自身が商品そのものなのだということです。

　余談ですが、税理士事務所として「すべての言葉に定義を」と、月に１回勉強会をしていた時期がありました。平成12年の時点で楢山直樹事務所の言葉の定義が確立されていなかったので、その年から３年ほど所内研修会で行いました。税理士事務所の商品とは何かと言えば、商品は従業員の皆さん１人ひとりであり、所長であり、挨拶であり、あるいは、「履物を揃える」など、そうしたものを共有化していくことが大切です。

(4) 監査担当者の判断基準

判断基準については、次に挙げる基準に照らして正しいかどうかを顧問先の社長に問いかけていきます。

何かを行おうとした場合、仕事に関しては次の3つの基準を持ちます。1つ目が「社員に見せられるか」。2つ目がそれを「子供に話せるか」、3つ目が「先祖に報告できるか」。この3つを判断基準として持ち、正しい経営をしていただきたいと思います。

私であれば1人の経営者として話します。当事務所の監査担当者であれば、社員としてどう思うかという立場で話せば、顧問先の社長にも伝わるのではないかと思います。日本でもさまざまな不祥事や事件が起こっていますが、上記のような基本的なものが欠けているような気がします。したがって、正しい判断基準を持って経営をしていくということが必要になると思います。

(5) 経費か、経費ではないのか

「経費か、経費ではないか」の判定ですが、例えば個人的に食事をし、それを会社の経費として乗せたいと社長が主張した場合、判断するのに難しいことはありません。社長が迷った時に胸に手を当てて、自分自身に問いかけてくださいと話します。ドキッとしたら止めてください。税務調査の時にバレたらどうしようと気にしていることの証明ですので、調査官がその領収書を見ている時にドキドキしてしまう。これは、ある社長の体験談からきています。人生に問いかけているのですから、あながち間違いではないかと思います。

簡単に言えば「ドキっとしたら赤信号」というキャッチフレーズを持ちましょう。言葉の定義を税理士事務所自身も作成し、顧問先の会社でも作成していただきたい。

自事務所でできたこと、できなかったこと、失敗したことを情報と

して、顧問先に提供してあげるのです。言葉の定義を作成してみると、社長と幹部、幹部と社員の意識がズレているということが分かってきます。社長の考え方、幹部の考え方、そして社員の考え方の意思統一ができていないのです。

したがって、「すべての言葉に定義を」ということは、社員との価値観の共有化をすることとなり、共通の認識をするということが本当に大切なことだと思えます。1年後には定義集なり語録集ができ上がるのではないかと思いますが、これを守り、所長自身の言葉で皆さんに問いかけていただけばよいのではないかと思います。

楢山直樹事務所では「月次巡回監査報告書」を使用していますが、帳票資料を見たらすべてに「原始記録は？」、「証拠書類は？」と聞くことを問いかけています。さまざまな税理士事務所の先生に学んだことですが、我々税理士事務所は法律業務なので、法律家としての実践をしていきたいと思います。

私が好きな言葉に「担雪埋井（たんせつまいせい）」という言葉があります。井戸を雪で埋めるという言葉なのですが、雪は井戸に入ると瞬時に解けてしまい、なかなか井戸は埋められず、まったく無駄なことだ、という意味です。しかし、無駄なことだからといってやらないわけにはいかない。

なぜか。それは己の使命、己の生きがい、己の生活だからである、ということです。お客さまの指導を実践するとき、この担雪埋井を実行し、これでもか、これでもか、といつの間にか雪で井戸が埋まるように、相手から「恐れ入りました」と敬服されるまで行いたいものです。相手が理解して行動してもらえるまで努力することが我々の仕事ではないかと思います。

5 月次巡回監査の実施

1．事前準備項目【資料15】

　お客さまの所へ監査で訪問する際、まず一番には、事前準備項目として、携行品の用意、確認（携行品一覧表によりチェック）です。すべては事前準備にかかっているので、周囲周到に十分に行うということです。

　二番が前回顧問先から持ち帰った宿題事項、あるいは依頼された事項の確認と整理が終わっているかということです。問い合わせのあった事項について回答をします。税理士事務所は法律業務なので、根拠条文を提出し、法令データベースのQ&Aに掲載されていればそれを持参し、報告をすることが必要です。その場ですぐに回答できないものについては、少なくとも次回の訪問時には報告できるようにしておきます。

　三番目は監査時に聞いたこと、見たこと、それらの特記事項を書き留めているので、その事項を次回訪問時に確認します。

　四番目、お客さま訪問時は時間を厳守します。約束した時間の5分前には行き、その時間に合わせるということが必要だと思います。社長は忙しい方ですので、その貴重な時間を取っていただいているので時間を守ることが大切です。

　五番目は「事前訪問予定表」の作成です。訪問は事前連絡が必要です。月末になると、翌月のスケジュールが全部入っている状態にしておくことがベストです。予定表通りに動けば月次の巡回監査は終了しますが、それがなかなかできないというのは、先を見た予定を入れていないということがあると思います。

第3部 事務所メンバーの創造力を発揮させる！

【資料15】月次巡回監査報告書のチェック項目①

(1) 事前準備項目

〈監査基本項目〉　　証拠書類は？の連発を！

1．〈事前準備項目〉
(1) 携行品の用意・確認（携行品一覧表）
(2) 宿題事項・依頼事項の確認・整理
(3) 監査時の特記事項の確認
(4) 訪問時間の厳守（事前計画・事前連絡・確認）
(5) 質問事項の解答（根拠条文の添付・解説）
(6) 事前訪問予定表の作成（事前計画・事前連絡）
(7) 元気玉月次報告書の作成・確認

1	2	3	4	5	6
7	8	9	10	11	12

[記入方法]
実施した→監査印　不実施→×印
◎良く出来た○普通に出来た△出来なかった

2．〈訪問監査実施項目〉
(1) 元気な挨拶をしましたか。
(2) 礼儀正しい対応をしましたか。
(3) 頂き物を揃えましたか。
(4) お客様の立ち場で感じてみましたか。
(5) 安心と信頼を提供しましたか。

1	2	3	4	5	6
7	8	9	10	11	12

[記入方法]
実施した→監査印　不実施→×印
◎良く出来た○普通に出来た△出来なかった

3．〈証憑書類項目〉
(1) 領収証憑書類には、全て固有番号や連番が附番されており書き損じも含めて正しく保管されていますか。
(2) 全ての証憑書類は、発生順に整理され、月毎の一連番号が付されていますか。
(3) 証憑書類は、原則として全て領収書類に貼付けされていますか。
(4) 支払証明書は、領収書等の入手困難な場合に使われていますか。
(5) 旅費精算書の必要なものは全て作成されており、旅費規定に準拠していますか。
(6) 印紙税は、犯罪意思の有無を問いません。印紙未貼付又は不消印がないことを確認しましたか。
(7) 契約書等は、記載事項の適否を点検して、不備の場合にはその作成を指導しましたか。

1	2	3	4	5	6
7	8	9	10	11	12

[記入方法]
実施した→監査印　不実施→×印
◎良く出来た○普通に出来た△出来なかった

4．〈伝票項目〉
(1) 監査可能性（取引記録の検証可能性）とは、税法と会計実務の要件である。会計証憑書類の下欄に［証第　号］の印を押してあり、証憑書類の適法性を確認したか。
(2) 会計伝票の日付・金額・摘要・科目のいずれかに誤記や誤記訂正を発見した時には、誤解や誤読を避けるためにその全部を再起票するように指導しましたか。
(3) 摘要の記載は、誰が見ても分かるように明確になっているかを確認しましたか。
(4) 未起票の取引があった場合、親切に指導の上、全部の起票指導をしましたか。

1	2	3	4	5	6
	8	9	10	11	12

[記入方法]
実施した→監査印　該当無→／印　不実施→×印

(2) 訪問監査実施項目

157

無論、変更もありますので、それは適宜変更していけばいいのですが、事前に組んでおくことが前提となります。

六番目は、せっかく経営者にお会いするのに暗い顔ではいけません。明るく元気に、明るさが社長にうつるぐらいにしたいものです。「元氣玉」で有名な福田茂夫先生との「出会い」があり、元氣玉月次報告書を作成するようになり、お客さまに提供しています。福田先生はおっしゃっています、「社長が元気になれば会社は良くなる」。

税理士事務所も同様です。所長が元気になれば事務所もよくなります。その実践です。「明るく元気に素直に」がキーポイントになると思います。

2．訪問監査実施項目【資料15】

まず 一番目、「元気なあいさつをしましたか」です。あいさつの定義を考えると、あいさつとは「相手に心を開くこと」、あるいは「相手を認めること」です。

二番目では「礼儀正しい対応をしましたか」ということです。礼儀を定義すると、「礼節を守る」、「礼儀正しく」ということです。三番目、楢山直樹事務所でも2年間、「履物を揃える」ことを続けました。現在はあたり前になりましたが、最初はなかなかできませんでした。

ある富山の寺に訪問し、お和尚さんのお話を聞き、そこで「履物を揃える」ということを学び、A4のポスターも作成して皆さんに配布しました。県のある議員会館に貼り出したら、議員がきちんと靴を揃えるようになったこともありました。「履物を揃えると心も揃う」と言われますが、家庭、事務所、会社で実践していきます。四番目ですが、「お客さまの立場で感じてみたか」ということです（「私たちはあなたの会社を元気にします！」という心が大切です）。お客さまの目線、姿勢で考えることも必要です。楢山直樹事務所の経営理念にあります

第3部　事務所メンバーの創造力を発揮させる！

【資料16】月次巡回監査報告書のチェック項目②

（3）証憑書類項目・伝票項目

証拠書類に？の連発を！

〈監査基本項目〉

1．〈事前準備項目〉
(1) 携行品の用意・確認（携行品一覧表）
(2) 宿題事項・依頼事項の確認・整理
(3) 監査時の特記事項の確認
(4) 訪問時間の厳守（事前計画・事前連絡・確認）
(5) 質問事項の解答（根拠条文の添付・解説）
(6) 事前訪問予定表の作成（事前計画・事前連絡）
(7) 元氣玉月次報告書の作成・確認

1	2	3	4	5	6
7	8	9	10	11	12

［記入方法］
実施した→監査印　不実施→×印
◎良く出来た○普通に出来た△出来なかった

2．〈訪問監査実施項目〉
(1) 元氣な挨拶をしましたか。
(2) 礼儀正しい対応をしましたか。
(3) 履き物を揃えましたか。
(4) お客様の立ち場で感じてみましたか。
(5) 安心と信頼を提供しましたか。

1	2	3	4	5	6
7	8	9	10	11	12

［記入方法］
実施した→監査印　不実施→×印
◎良く出来た○普通に出来た△出来なかった

3．〈証憑書類項目〉
(1) 領収書証憑書類には、全て固有番号や連番が附番されており書き損じも含めて正しく保管されていますか。
(2) 全ての証憑書類は、発生順に整理され、月毎の一連番号が付されていますか。
(3) 証憑書類は、原則として全て領収書綴に貼付けされていますか。
(4) 支払証明書は、領収書等の入手困難な場合に使われていますか。
(5) 旅費精算書の必要なものは全て作成されており、旅費規定に準拠していますか。
(6) 印紙税は、冤罪意思の有無を問いません。印紙未貼付又は不消印がないことを確認しましたか。
(7) 契約書等は、記載事項の適否を点検して、不備の場合にはその作成を指導しましたか。

1	2	3	4	5	6
7	8	9	10	11	12

［記入方法］
実施した→監査印　不実施→×印
◎良く出来た○普通に出来た△出来なかった

4．〈伝票項目〉
(1) 監査可能性（取引記録の検証可能性）とは、税法と会計実務の要件である。会計証憑書類の下欄に［証第　号］の印を押してあり、証憑書類の適法性を確認したか。
(2) 会計伝票の日付・金額・摘要・科目のいずれかに誤記や誤記訂正を発見した時には、誤解や誤読を避けるためにその全部を再記票するように指導しましたか。
(3) 摘要の記載は、誰が見ても分かるように明瞭になっているかを確認しましたか。
(4) 未起票の取引があった場合、親切に指導の上、全部の起票指導をしましたか。

1	2	3	4	5	6
7	8	9	10	11	12

［記入方法］
実施した→監査印　該当無→〈印　不実施→×印

が、私たちはお客さま企業の成長発展のお手伝いをします。では税理士事務所は何業なのか。税理士事務所業だけではありません。お客さまに「安心」「信頼」を提供する「安心と信頼の提供業」と考えますので、いかに事前準備、あるいは行動、あるいは礼儀が必要かということをお分かりいただけるかと思います。

3．信憑書類項目・伝票項目【資料16】

　月次巡回監査訪問を行った時、領収書類、証憑書類をチェックしますが、証憑書類の項目で、一番目には領収書、証憑書類には番号、「証憑第○号」、と番号が入っており、チェックできる体制にします。もし書き損じがあれば、×印をしてホチキスで止めるなど、書き損じの保存方法はどのようにするか話していきます。

　二番目はすべての領収書を正常に整理し、月毎に連番でチェックされているかを確認します。番号を付けていく段階で、領収書がないものは領収書に代わる証明書、例えば出金伝票、招待状等が付いているかどうかの確認をします。証憑資料は原則としてすべて領収書つづりに貼り付けされているかが明記されていますが、例えば銀行の振込依頼書は切り離せないので、別途保管であることを分かるようにしておくことが原則です。領収書等は、貼ることができるものは全部貼ります。

　三番目として支払証明書、いわゆる出金伝票等ですが、これらは領収書等が入手困難な場合に使われているかどうかです。また、旅費清算書、これも正しく処理されているかどうか。また、印紙は貼付されていないと罰金なので注意します。契約書も正しいものを保存しているかどうかが必要になります。

　四番目が伝票です。伝票を記入している場合、その伝票が正しく網羅されているかどうか、適合性が具備されているかどうかをチェックします。仮に、日付、金額の訂正があった場合には誤解されないよう

に再起票しているかどうかも重要です。2本線を引いて訂正印でも可ですが、正しく行われているかどうかも確認します。

　後は摘要で、その内訳を誰が見ても分かるようにしておきます。月次監査では必ず「一見して分かりにくくなっているので税務調査官に聞かれますよ」とアドバイスをします。すると、細かく記入するようになってきます。懇切丁寧に指導することができれば、伝票項目に対しては網羅性、適法性、そして完全性、誰が見ても分かるような明瞭性、そのようなものが備わってきます。

　事務所方針ですが、「誠実に行動」、「感謝した行動」ができているかどうかです。これは事務所内で研修を行いますが、それを踏まえ、楢山直樹事務所であれは、これがあたり前、誰が訪問してもそのような行動ができるという項目を定めます。無論、個性はありますが、その個性は個性でよいと思います。

　しかし、基本的なルールを社内で持っていないと、正しい行動ができないのではないかと思います。

　税理士、公認会計士の所長の考え方、想い、方向性を明確に打ち出していく、そして税理士事務所の価値観の共有化です。共有化できると大きなパワーとなると思います。したがって、明確に先生の考え方、熱い想いを伝えていただければと思います。これらのことは研修時間、コストがかかりますが、結果として戻ってくるものですので、上手く使っていただければと思います。

4．お客さまに寄りそう気持ちを大切に

(1) 税理士事務所は過去の仕事だけではなく未来の仕事も

　楢山直樹事務所はお客さま企業の成長と発展のお手伝いをすることが本義です。よく税理士事務所では、月次試算表の提出が遅れてしまうということがありますが、2か月前、3か月前の試算表を見てもしょ

うがないのです。したがって、税理士事務所がお客さま企業の成長発展のお手伝いをするのであれば、どのようなことを行わなければならないでしょうか。

　我々はお客さまとともにあります。お客さまから受けるさまざまな恩恵に感謝できる人でなければ、本当の仕事はできません。

　担当者であるあなたがやる気と誠意を失ったとき、お客さまは我々を必要としません。我が事務所も同じようにあなたを必要としません。また、あなたの給料はあなたの能力と努力に応じて取れる。ですが、現在の給料の範囲内でしか働かない人には、その給料の範囲内の仕事を与えます。

　確かに税理士事務所の仕事は後ろを見る、過去の仕事が主ですが、過去の仕事を前に生かすことが必要です。2か月前の月次試算表を提示しても、残念ながら経営者は喜びません。2か月前の月次データは何の役にも立たない。加えて3か月、4か月も遅れたとしたら、もうほとんど役に立たないものだと言えます。

(2) 税理士事務所の職員の資質

　そして、税理士事務所の職員の資質とは、「問題発見能力」です。問題を発見して気付きを与える。相当の注意力が必要です。そして指導力も必要です。相手に話をして、相手に理解してもらえれば、相手は動くことができます。そのような人間が必要になります。そして誠実で礼儀を重んじ、正義感が強いことです。言い換えれば、あなた自身の能力が問われるわけですが、そのあたりも踏まえて行動します。

　報酬の倍の値打ちの仕事を行えた時、初めて担当者であるあなたがお客さまから信頼されます。お客さまはそのようなあなたのひたむきな姿を必要としています。担雪埋井を実践します。今できていなくてもいいのです。今日より明日、明日よりあさってと進んでいけばいい

のです。「1日が終わったとき、今日の反省、明日への挑戦」という言葉を月次巡回監査の一番最後に掲載しています。

　まずは、税理士法で定められている守秘義務、これは厳守です。そして、租税正義。法律に則った仕事をしているので、税金は多くもなく少なくもないよう租税正義を貫き、常に誠実、行動、感謝の心で服装、態度、言動に注意しましょう。次に、1日を反省しましょう。反省して達成できなかったことがあれば、明日からそれを直していくよう努めます。

　次に、明日をまったく新しい日にするために今日の仕事を本日中に完成させたかどうかということです。人間は今の仕事を明日に延ばそうとすると、明日はまたそのことを行うのに2倍も10倍もエネルギーを取られることになります。

　1日で区切るということは今日中に終わらせるということです。明日は新しい気持で新しい仕事を行うことが一番効率がよいと思います。

6 一流会計人の条件

　一流の会計人の条件は正確、迅速、整理整頓です。
　そうした意識で考えれば、物事を創意工夫し、改善していけるのではないかと思います。
　巡回監査時に翌月のスケジュールを入れる、あるいは月末には翌月のすべてのスケジュール表が埋まっているような状態。このようにして、次は、明日の行動予定表を書いているかということです。
　目標を書き込むことは一歩行動を起こしていることでもあります。あるいは、8割完成していることになります。後はその通り動けばいいのです。ところがAさんとBさんがいて、Aさんは事前に準備をしています。Bさんは朝来て今日の行動を決めます。2つを比べるとスタートから全然違うのです。この違いを理解していただくことが必要です。
　そして、本日の出来事や仕事の状況について、目標管理業務日報の中に報告連絡相談を入れています。よいことを伝えるだけではなく、悪いこと、失敗したこと、要望・クレームにすぐに対応できるような状況を作ることが、楢山直樹事務所の業務日報になっています。今は所内LANで管理をしております。
　次に、1日の成功・失敗は能力よりも心構えによって決まります。まず、感謝できる心を持っているかどうか、立派な日本人として実践できるかどうかです。業務日報に毎日社員の大切な時間を使ってもらっているので、それに対して私も心を込めて所長のコメントを書いています。
　今日よりも一歩一歩成長していき、生かされていることを実感しようということが楢山直樹事務所の考え方です。

第3部 事務所メンバーの創造力を発揮させる！

ベテラン税理士のよもやまコラム③

まずは自分が先陣を切る！ という心構えで

　税理士法人化前の「税理士楢山直樹事務所」は、いわば個人商店でした。個人商店は、親分（店主）の意向がスタッフにも強く反映されがちです。また、親分がこけたら皆こけるという危険性もあります。
　私は、そんな曖昧な体制を何とか組織化したいと努めてまいりました。そのための1つとして、「言葉を定義する」という合い言葉を設けています。
　言葉を定義するというのは、
　「あいさつとは、相手を認めること。自分の心を開くこと。感謝すること」「働くとは傍（はた）を楽（らく）にすること」
　「自分がされて嫌なことは相手に対してもしない」
　「親切とはかゆいところに手が届くこと。でも過度の親切は親切ではない」
　…といったふうに、各人がバラバラに理解していた言葉の意味を、事務所内で統一して、皆で共有しましょうよ、ということです。言ってみれば「言葉のものさし」をつくること。事務所内の言葉にJISマークを付けるみたいな感じです。
　そうすることで、言葉の使い方、意味、価値観などについて統一理解がはかれる。そして言葉や行為が、事務所や会社にとってどう有益なのか、なぜ必要なのかということも、より明確になってきます。同じ用語を理解していること。これは組織の中では、すごく重要なことです。
　言葉には目的があります。なぜ、そういう言い方をするのか？　その指し示すところは何か？　というふうに。
　例えば、私はトイレ掃除と、駐車場の掃き掃除をずっと続けてきま

した。また冬には隣接する上田小学校の通学路の雪かきもしています。また、毎月1回は、スタッフ全員で上田地区の路上清掃も行っています。地域社会への感謝、そして自分自身の心のためです。掃除って、実は面倒くさいですよね。当番制にしてローテーションを組めばいいのかもしれません。でも「なんのために掃除をするの？」という意味をよくよく考えたら、単純です。「汚いよりキレイな方がいい」。

　私は、掃除のことを「環境整備」と言っています。地域の道をキレイに整備することで、上田を、盛岡を、岩手を、日本を、地球をキレイにしている。宇宙の片隅をキレイにしているんだって（笑）。目的が大きいとやりがいもあります。それを続けていることで、ゴミが落ちていれば拾うし、汚れが気になれば拭いたり洗ったりする。自分からする、で

きるように身に付く。当番制は「やらされている感」があるかもしれませんが、気付いたときにそれをする、自然にできるというのは、目的がより明確になっている証しです。掃除に対する印象も変わってきますね。

　私は、今でもトイレは素手で掃除しています。便器って、素手で磨いた方がキレイになるんですよね。素手で便器を掃除する。これも、私が先陣を切りました。「どう？キレイでしょう。皆もやってみて」というと、初めは「えっ……。」という顔をする人でも、一度素手で触れてさえしまえば、もう怖いものはない。ほんとうにピカピカになります。

　余談ですが、バイ菌って、実は便器の周りなんかよりも、外出して、いろんなものに触ったりして帰ってきた自分の手のひらに付いている数の方が多いのだそうです。だから、トイレ掃除の前には、まず手を洗わないと便器が汚れちゃいます（笑）。

　言葉を定義して目的を明確化させる。そして、自分がやってみていいと思ったことは相手に勧める。「皆でやろうよ」と。「隗より始めよ」という言葉もあります。言い出しっぺがまずやりなさいという意味です。

　だから、やっぱり自分が最初にやる。やってみる。やってみないと分からないこともある。逆に「あ　これはやめておいた方がいいね」と言うことだってできます（笑）。

　いいことはもっと広めていきたい。日本中の人が、毎朝、自宅の前を掃除すると、日本中がピカピカになる。何よりも自分がピカピカになれる。そう思っています。別に親分に言われなくても、誰もが「いいと思ったこと」について、ぜひ先陣を切って実践して行って欲しいですね。

◆参考文献◆

- 飯塚毅著『職業会計人の使命と責任』(TKC出版、1995.4.第1版第1刷)
- 井上得四郎著『中小企業経営者のライフプラン』(ぎょうせい、2013.9.第1刷)
- 鍵山秀三郎著『凡事徹底』(致知出版社、1994.11.第1刷)
- 鍵山秀三郎著『掃除に学んだ人生の法則』(致知出版社、2004.2.第1刷)
- 後藤孝典著『事業承継不安・トラブル納得する解決法』(かんき出版、2014.9.第1刷)
- 小山昇著『社長！継がせたいならココまでやっておかなくちゃ！』(すばる舎、2009.12.第1刷)
- 神野宗介著『TKC創業者に学ぶ職業会計人の経営維新』(高木書房、2013.3.第1印刷)
- 智創会計人クラブ編著『決定版！税務調査の賢い対応法』(ぎょうせい、2010.12.初版)
- 天明茂著『なぜ、うまくいっている会社の経営者はご先祖を大切にするのか』(致知出版社、2014.4.第1印刷)
- 鳥飼重和著『豊潤なる企業』(清文社、2007.8)
- 都築巌著『税理士事務所経営の極意』(清文社、2011.8)
- 楢山直樹著『あなたの元気が日本の元気！』(ぎょうせい、2007.8.初版)
- 楢山直樹著『経営をよくする会計』(あさ出版、2007.12.第1刷)
- 楢山直樹著『今こそ本気で考えたい！相続のための生前対策』(あさ出版、2013.10.第1刷)
- 野呂敏彦著『給与は自分で決めなさい』(幻冬舎ルネッサンス、2011.11.第1刷)
- 野呂敏彦著『売上ゼロ成長でもなぜ資金は増えるのか』(幻冬舎ルネッサンス、2014.9.第1刷)
- 野本明伯著『金持ち・時持ち・夢もち社長と貧乏ヒマなし社長』(現代書林、2014.9.初版第1刷)
- 右山昌一郎著『よくわかる税理士法人制度のすべて』(中央経済社、

2001.6.初版)
・右山昌一郎他著『税理士法人の業務の進め方と設立の手引き』(中央経済社、2002.4.初版)
・牟田學著『打つ手は無限』(サンマーク出版、2007.2.初版印刷)
・牟田學著『社長のいき方』(PHP研究所、2015.2.第1版第1印刷)
・広瀬元義著『事例でわかる会計事務所のM＆Aの準備と進め方』(三交社、2015.4.初版第1刷)
・広瀬元義著『税理士事務所の成功法則』(三交社、2015.1.初版第1刷)
・増山雅久著『会計事務所のM＆A成功術』(幻冬舎、2010.10.第1刷)
・三上清隆著『税理士事務所ビジネスマナーブック』(清文社、2014.3)
・楢山直樹著「記帳指導完全マニュアル―3つのツールで効率5割アップを目指す―」(株式会社レガシィ、2009.7)
・楢山直樹著「担当者が自然に成長する月次巡回監査マニュアル」(株式会社レガシィ、2011.4)
・楢山直樹著「社長の気づきを上げる！3段階ステップアップ試算表説明術」(株式会社レガシィ、2011.11)
・楢山直樹監修「大公開！税務調査対応の知恵～実際に使われている資料・ツール付」(株式会社レガシィ 2012.8)

◆おわりに◆

二度はない、一度限り、一生などと表現されているのが「人生」です。

人生は有限であり、いつかは終わりがきます。そう考えると、今まで生かされてきた人生をどう終わらせるかが大切になってきます。

でも「私が死んだら会社も事業もこれで終わり」となってはいけません。会社・事業は、永遠に継続すること＝永続性があって潰れないことが大切なのです。

経営者の使命は、社員を幸せにすること、雇用を確保し、地域社会へ貢献し、そして、正しい経営をすることで適正な納税を通して「国家への貢献」をし続けていくことが大切だと確信しています。

今回、智創税理士法人は札幌を本社として、札幌支店、盛岡支店、群馬支店、大阪中央支店、大阪東支店、広島支店の6つの事務所でスタートをいたしました。

税理士事務所の法人化により「100年企業にする！」を合言葉に、①社員の安心、②お客さまの繁栄、③事業の継続を目的とします。

今後は、日本全国から今回の税理士法人の設立趣旨に賛同していただいた他の事務所も、仲間として参加されて来ると思われます。

我々、税理士は日本の中小企業を元気にしていくことで日本の繁栄のお手伝いができれば、これほど嬉しいことはありません。

税理士法人化で100年企業を目指す！

今回、智創税理士法人の代表社員税理士である光成勇人先生、小林一仁先生、迫田清己先生、原田徹先生、松浦辰行先生の仲間たちとの共同執筆により、なんとか本書を完成、記念出版することができました。

◆おわりに

　これからも2年に1回は、最新刊を出版できるように頑張ろうと、皆、決意を固めております。私たちの「シリーズ」にも、どうぞご期待ください（笑）。

　最後になりましたが、智創税理士法人として新たな出発ができたのも、今まで旧税理士楢山直樹事務所を支えてくださったお客さま、地域社会の皆さま、士業連携の外部ブレーン皆さま、事務所のスタッフ、家族、そして今まで出逢いをいただいた全ての方々のおかげと感謝し、心から御礼を申し上げます。

感謝

平成27年6月吉日

　　　　　　　　　　　　　　AM5：00　事務所にて

　　　　　　　　　　　　智創税理士法人・盛岡事務所
　　　　　　　　　　　　　代表社員税理士　**楢山　直樹**

『智創税理士法人』プロフィール

■ 本店・札幌事務所

代表社員税理士　光成　勇人

住所	〒060-0003　札幌市中央区北3条西3-1-2　札幌駅前藤井ビル6階		
電話	011-221-1777	FAX	011-221-1001

■ 盛岡事務所

代表社員税理士　楢山　直樹

住所	〒020-0066　岩手県盛岡市上田3-14-11		
電話	019-654-0606	FAX	019-654-0085

■ 群馬事務所

代表社員税理士　小林　一仁

住所	〒370-0862　群馬県高崎市片岡町3-10-11		
電話	027-323-6366	FAX	027-323-6369

◆ プロフィール

■ 大阪中央事務所

代表社員税理士　迫田　清己

住所	〒541-0057　大阪市中央区北久宝寺町4-2-10　東明ビル403号室	
電話	0800-888-3356	FAX　06-6252-3367

■ 大阪東事務所

代表社員税理士　原田　徹

住所	〒537-0001　大阪市東成区深江北1-16-32	
電話	06-6976-6121	FAX　06-6976-6625

■ 広島事務所

代表社員税理士　松浦　辰行

住所	〒722-1115　広島県世羅郡世羅町西神崎958-1	
電話	0847-22-3211	FAX　0847-22-3213

選ばれる税理士事務所のつくり方

平成 27 年 7 月 10 日　第 1 刷発行
平成 27 年 11 月 30 日　第 2 刷発行

　著　者　智創税理士法人

　発　行　株式会社ぎょうせい

〒136-8575　東京都江東区新木場 1 - 18 - 11
電話　編集　03-6892-6508
　　　営業　03-6892-6666
　　　フリーコール　0120-953-431

〈検印省略〉

URL：http://gyosei.jp

印刷　ぎょうせいデジタル㈱　　　　　©2015 Printed in Japan
※乱丁・落丁本はお取り替えいたします。
ISBN978-4-324-10024-0
(5108172-00-000)
〔略号：選ばれる税理士〕